Erwin Rieger
Stefan Zweig

edition lebensbilder

ISBN: 978-3-96337-014-4
Druck: edition lebensbilder, 2017
Die edition lebensbilder ist ein Imprint der Diplomica Verlag GmbH.

© edition lebensbilder, 2017
http://www.diplomica-verlag.de
Printed in Germany
Alle Rechte vorbehalten.
Die edition lebensbilder übernimmt keine juristische Verantwortung oder irgendeine Haftung für evtl. fehlerhafte Angaben und deren Folgen.

Erwin Rieger

Stefan Zweig
Erinnerungen eines Freundes

INHALT

	Seite
Vorwort	9
Kindheit	15
Schule	27
Wanderjahre	37
Verhaeren	45
Fazit der Vorkriegszeit	57
Polyphem	61
Romain Rolland	81
Schweiz	91
Die Niederlage	105
Salzburg	119
Die Novellen	129
Die Essays	159
Scheinwelt	177
Das unsichtbare Werk	203
Ausklang	211

Foto: Setzer, Wien

VORWORT

Europa ist heute in aller Munde. In dem knappen Jahrzehnt, das nun seit Kriegsende unter mancherlei konvulsivischen, politischen und wirtschaftlichen Zuckungen vergangen ist, hat sich — so scheint es — den verschiedenen nationalen und sozialen Glaubensbekenntnissen zum Trotz die Idee des geeinten Kontinents durchgesetzt. Lange noch ist sie zwar nicht verwirklicht und ständig in Gefahr, doch wie ein Stern flammt sie über unserem chaotischen Dunkel. Die gemeinsame Furcht unvermeidlichen Unterganges hat in den Gegnern von gestern wieder die feindlichen Brüder erweckt, und nun bemühen sie sich, durch Schaden klüger, um die endliche Schlichtung solch selbstmörderischen, ewigen Haders. Jene, die gestern noch Haß gepredigt haben, sprechen heute von Liebe. Minister, Industrielle, Bankleute werfen sich in die Brust und berufen sich auf ihr Europäertum. Dichter und Schriftsteller fordern Verständigung von Volk zu Volk. Klubs und Vereine mit internationalem Programm sind allenthalben am Werke. Tagungen finden statt. Festessen und Bankette verbinden die Intellektuellen der beiden Parteien zu gemeinsamem Trinkspruch.

Aber ach, in der Tat: »Vor Tische las man's anders...«

»Wir, die wir während des Krieges mit unserer Überzeugung eine Handvoll waren,« schreibt Stefan Zweig im Anblick solchen Geschehens, »wir können uns eines gewissen Staunens nicht erwehren, wie viele es auf einmal seit Locarno geworden sind, die in behördlich verstatteter Begeisterung schwelgen. Wir stehen dabei, nicht gerade verärgert, aber nur mühsam ein Lächeln verbergend... Nicht aber die Tatsache, daß sich so plötzlich und so pathetisch dermaßen viele zur Internationale des Geistes bekennen, macht uns mißtrauisch, sondern nur der Lärm und die plakathafte Inszenierung. Denn wir wissen ja: immer sind die Konvertiten die lärmendsten Verkünder eines Glaubens... Meiner Meinung nach sind die jetzt schwunghaften gegenseitigen Besuche in den Städten, die Vorlesungen auf fremden Universitäten, die Bankette, Diners und Interviews durchaus erfreuliche, fördernde und vorbereitende Maßnahmen für den geistigen Zusammenschluß der Völker. Sie sind Symptome begrüßenswerter Art, — freilich Symptome nur unverbindlicher Art, wie wir sie schon vor dem Kriege kannten. Auch damals gab es solche Verbrüderungen und geräuschvolle Bankette, ja die Herrscher beteiligten sich am geräuschvollsten dabei... Und doch war das Ganze im höheren Sinne keinen Schuß Pulver wert, eben weil es die Millionen Schüsse der Welt nicht erspart hat.«

Ja, wir sind mißtrauisch geworden, und wir fragen uns, ob ein solch zweckhaft, solch materiell bedingtes und gerichtetes Europa überhaupt möglich ist, ob nicht schon morgen ein unbedachter Schuß loskrachen, ein unvermuteter Sturm aus irgend einem politischen Winkel der Welt sich erheben wird, der dann das so leicht gefügte Kartenhaus wieder umbläst. Ängstlich blicken wir nach den wahren Neu-Europäern aus, nach all jenen hüben und drüben, deren Wesen die Ereignisse der letzten vierzehn Jahre wirklich gewandelt haben, die mit veränderten Augen in den Tag sehen, deren Seele sich wahrhaftig über den engen Bereich erhebt, den die Vorurteile der Sprache, der Nation und der Rasse allenthalben immer noch so ängstlich behüten. Daß es solche Europäer im Geiste gibt, nur darauf — so scheint es uns — kommt es heute an. Bloß sie sind in dem neuen, geeinten Europa heimatberechtigt.

Wir wissen nicht um ihre wahre Zahl: Nur die Prüfung könnte sie erweisen, nur tätiges Bekenntnis, nicht unverbindliches Wort. Aber wir wissen, daß überall dort, wo Keime solcher Seelen vorhanden sind, es geboten scheint, ihrer zu warten, sie — nicht anders als die Gärtner tun — in unendlicher Liebe und Geduld durch die Zeit allmählich zur Blüte zu entwickeln. Hier setzt notwendig die Arbeit der Schriftsteller und Dichter ein:

Der werdende Europäer bedarf des freien, des universellen, in keinerlei engherzigem Nationalismus mehr verhafteten geistigen Führers. Wie niemals zuvor gilt heute das Goethesche Wort: »Nationalliteratur will nicht mehr viel sagen, die Epoche der Weltliteratur ist an der Zeit.«
Wir besitzen sie wohl im Rückblick durch die Jahrhunderte, aber wir besitzen sie seit den Tagen des Humanismus gleichsam nur mehr in großen Einzelfällen, gewissermaßen akzidentell. Nach einer tiefen Erkenntnis der jüngsten französischen Literatur haben die Geistigen Europas als Klasse, als Kaste seit langem Verrat an ihrer eigenen Sache begangen, und zwar seit den Tagen, da sie — von der gemeinsamen klassischen Sprache losgelöst — der gemeinsamen geistigen Einheit entsagten. Daß man dies einzusehen und festzustellen beginnt, dies dünkt uns das wesentlichste Friedenssymptom, und eben hier knüpfen unsere europäischen Hoffnungen an. Unter welchen Bedingungen sind aber solch wechselweise geistige Wirkungen von Volk zu Volk heute möglich?
Eine europäische Optik nach zwei Seiten hin scheint hierfür unerläßlich: Bewußte Übernationalität im Hinblick auf den eigenen Sprach- und Volksbezirk, bewußtes Europäertum im internationalen Sinne. Nur jene unter unsern Dichtern und Schriftstellern, die das sind, was Jean Paul einmal einen

»weltseitigen Deutschen« genannt hat, können diese zwiefache Forderung erfüllen. Und vielleicht ist es gerade die Mission des jüdischen Blutes — nicht nur bei uns —, mitzuhelfen, daß sich der universelle Typus des Geistigen wieder gestalte.

Stefan Zweig, der noch im Aufstieg des Lebens und der Arbeit ist, verkennt gewiß selbst die Tatsache keineswegs, daß eine Reihe von Künstlern heute in Deutschland wirkt, die ihn an Größe des Namens und der Leistung weit übertrifft. Immerhin aber haben nur wenige innerhalb des deutschen Sprachgebietes durch Vermittlung internationaler Werte im europäischen Sinne so intensiv gewirkt wie er, und bloß die Arbeiten ganz Vereinzelter, wie etwa Emil Ludwigs und Thomas Manns, sind in dem Maße wie die seinen auch spiritueller Besitz des Auslands geworden: Deutschland verdankt ihm die Kenntnis wichtiger Bezirke der außerdeutschen geistigen Welt, und seine Werke werden in alle Sprachen übersetzt. Ja, Stefan Zweigs Novellen liegen nicht nur englisch und französisch vor, sie sind selbst auf Finnisch und Georgisch erschienen, die Essays haben ihre Leser so gut in Holland wie in Ungarn und Japan, der ›Jeremias‹ wurde in Jerusalem auf Hebräisch gespielt, er borgte sogar chinesisches Lautgewand, der ›Volpone‹ ging nicht allein über alle deutschen Bühnen, sondern vollführte in

Paris wie in Prag, in Oslo wie in Bukarest, auf Polnisch und Jiddisch seine derben Scherze, er kam auf seinen internationalen Streifzügen bis über den Ozean nach New-York. Und heute schon entsteht eine große russische Gesamtausgabe Band um Band. Gleichsam ein Paradigma europäischer Wirksamkeit ist also die Erscheinung Stefan Zweigs; zu mindest als Vorläufer jener darf er gelten, die da kommen müssen, wenn es gelingen soll, unsre geistige Welt aus der allgemeinen Verwirrung zu retten. So hat dieses Porträt keinen anderen Zweck, als die Wurzeln solch einer interessanten und wichtigen Existenz bloßzulegen, um ihre Entstehung und Entwicklung zu zeigen. Sinn dieses Buches kann es daher nur sein, Stefan Zweigs Leben aus seinem Werk zu erklären und das Werk hinwieder aus dem Leben aufzubauen. Und so besteht die Aufgabe des Freundes dieses Werkes und Lebens im Wesentlichen bloß darin, möglichst tief einzuhorchen in das Werk und gleichsam nur den verbindenden Text zwischen des Dichters eigene Worte zu setzen.

KINDHEIT

Der 28. November 1881, Stefan Zweigs Geburtstag, ist grau, kühl, trüb, wie meist um solche Jahreszeit in seiner Vaterstadt Wien. Es ist ein durchaus stiller, sehr gewöhnlicher Tag. Die Stadt, das Land, der Kontinent leben, wenigstens an ihrer Oberfläche, im Frieden. Die Zeitungen befassen sich gleichsam nur pflichtgemäß mit Politik: das Ministerium Taaffe hat mit latenten Schwierigkeiten zu kämpfen, die Thronrede des rumänischen Königs verstimmt ein wenig, weil sie sich mit der heiklen Donaufrage befaßt, die ›Pforte‹ erhebt Einspruch dagegen, daß Österreich-Ungarn die allgemeine Wehrpflicht auf Bosnien und die Herzegowina ausdehnt. Aber es sind nun schon fünfzehn Jahre seit Königgrätz, zehn Jahre seit dem deutsch-französischen Krieg vergangen: man interessiert sich weit mehr für die kleinen Ereignisse der Welt. Bei Gödöllö in Ungarn findet, gerade an diesem 28. November, einem Montag, eine Parforcejagd statt, an der nebst dem Kaiser und der Kaiserin eine sehr stattliche Zahl von Reitern und Reiterinnen teilnehmen. Im Burgtheater, dessen neuer Direktor August Wilbrandt sich in diesen Tagen dem Personal vorstellt, spielt man ›Phädra‹ mit Charlotte Wolter, am Theater an der Wien eine neue Operette von Johann Strauß, den ›Lustigen Krieg‹, in dem das komische Genie Alexander Girardis entdeckt wird, im Carl-Theater parodiert die Gallmeyer in einer Posse ›Sarah und Bernhardt‹ die große französische Tragödin, die sich auf einer Gastspielreise erst kürzlich auch in Wien sehen ließ. Ludwig Speidel hat der genialen Jüdin ein begeistertes Feuilleton gewidmet, und bei etlichen eleganten Wienerinnen wird, so scheint es, der ein wenig exotische, schlanke rothaarige Typus Sarah Bernhardts nun für einige Wochen Mode. Von alledem und vielen andern kleinen Dingen plaudert die Zeitung. Und schließlich bringt sie auch etwas wie einen frühen Hinweis auf eine spätere Zeit, auf die Epoche des Grammophons, des Films und des Radio: Im Elysée zu Paris wird ein telephonischer Apparat eingerichtet, mittels dessen der Präsident der französischen Republik Grévy die Vorstellungen der großen Oper, der Opéra comique und des Théâtre français von seinem Salon aus in aller Bequemlichkeit anhören kann.

Stefan Zweig kommt also in Wiens letzter Phase als ›Kaiserstadt‹ zur Welt, im ersten Viertel jener Zeit, die zwischen der österreichischen Finanzkatastrophe des Jahres 1873, dem berüchtigten ›Krach‹, und der europäischen Katastrophe des Jahres 1914 liegt. Kaum etwas mehr als zwei Dezennien sind in jenem November 1881 vergangen, da war die alte Haupt- und Residenzstadt plötzlich aus ihren jahrhundertelangen gotischen und barocken Träumen erwacht. Mit einem einzigen Ruck hatte sie den Reifen ihrer Basteien, ihrer Graben und Glacis gesprengt, und immer gewaltiger reckte sie sich nun nach allen Richtungen gegen die Vororte zur Großstadt aus. Schon erreicht sie — für jene Zeit eine sehr erhebliche Zahl — mit ihren Einwohnern die erste Million. Aber ein wenig Großmannssucht zeigt sich bei dieser Metamorphose auf Schritt und Tritt: Franz Josef will sich im Handumdrehen sein neues Wien möglichst prunkvoll wie aus dem Steinbaukasten aufrichten. Ferstel, Hansen, van der Null, Siccardsburg, Friedrich Schmidt, Hasenauer machen aus dem ›Ring‹, vornehmlich dort, wo sich früher der militärische Paradeplatz erstreckte, ein Sammelsurium der verschiedensten Stile, ein Konglomerat pompöser Paläste, wie für den Anschauungsunterricht in Architektur. Fernkorn, Zumbusch, Kundmann stellen auf die Plätze und in die Gärten Herrscher, Feldherren, Dichter, Komponisten aus Erz und Marmor; Tilgner meißelt, Angeli porträtiert die markanten und anmutigen Köpfe einer aristokratisch-bürgerlichen Gesellschaft, die sich von den letzten kriegerischen und wirtschaftlichen Erschütterungen allmählich erholt. Rahl und Canon sind ihre Lieblingsmaler, vor allem aber Makart, der farbenfrohe Salzburger, der ihr — zwei Jahre ist es her — seinen historischen Festzug vorgegaukelt hat und nun ihre Salons mit Sträußen aus getrockneten Blumen und Gräsern dekoriert, die, in geschmacklosen Vasen verstaubend, seinen frühen Tod lange überdauern sollten.

Diese Gesellschaft, die sich während des Winters in den Theatern, besonders in der Oper trifft, für die Hans Richter die Philharmonischen Konzerte dirigiert und die dann, wenn es Frühling wird, mit dem Hof um die Wette in Equipagen, Viererzügen und Fiakern in den Prater fährt, sie hat ein etwas oberflächliches, lockeres, ein wenig dilettantisches Verhältnis zur Literatur. Neun Jahre vor Stefan Zweigs Geburt ist, enttäuscht und verbittert, der alte Grillparzer gestorben; Bauernfeld aber schreibt immer noch seine feinen, geistreichen Stücke, und schon tritt, realistisch und breitspurig, Anzengruber auf den Plan. Die zarten Verse und Erzählungen Marie von Ebner-Eschenbachs werden mit Verständnis und Anerkennung gelesen, die Romane Friedrich Uhls und Emil Mariotts, Komperts und Franzos' wecken Interesse.

Stefan Zweigs Geburtshaus steht im Herzen dieser Stadt; es ist ein jüdisches Haus, wie in Wien so viele. Allem, was irgend aus der Fremde kam, hatte jenes einstige Wien sich, seiner Tradition nach, ja von jeher als freundlich erwiesen, es war, in seiner Idee, damals noch die kosmopolitischeste Stadt des Kontinents, Metropole eines großen Reiches vieler verschiedenartigster Nationen. Seit den Tagen des erwachenden Liberalismus, des finanziellen Aufschwunges, da sich eine neue Gesellschaft allmählich zu bilden begann, spielten die jüdischen Häuser des Geldadels, die Fries, Arnstein, Pereira, Eskeles, eine glänzende Rolle, und ganz organisch schloß sich diesen Kreisen das wohlhabende jüdische Großbürgertum sozial nach unten hin an. Die Familie Stefan Zweigs fügte sich diesem Großbürgertum ein. Väterlicherseits aus Mähren stammend, wo schon Generationen Kaufleute und Industrielle waren, mütterlicherseits aus Deutschland gebürtig, aber früh ausstrahlend über die Welt, tief nach Italien hinab, in die Schweiz, ja selbst über den Ozean bis nach Amerika, war dieses Haus zwar durchaus im Geld verwurzelt, aber ihm scheinbar nie völlig untertan. Nicht nur, daß in jenen leichteren Tagen immer auch mit dem breiten Verdienst ein Leben in großzügigeren Maßen Hand in Hand zu gehen pflegte: allenthalben zeigt sich in dieser weltläufigen Familie, in deren Blut noch ein letztes Erinnern an alte Bibelsprüche träumt, vom Vater wie von der Mutter her schon der Hang zu geistigem Beruf, zur Flucht aus dem Alltag, zu verfeinertem Lebensgenuß, zum Sichten und Sammeln.

In solchen Häusern werden die Kinder, nach Stefan Zweigs eigenem Wort ›warmbürgerlich‹ geboren, sie wachsen wohlbehütet zu jenen unvergeßlichen erwachenden Menschenwesen heran, die er in seinem ›Ersten Erlebnis‹, den vier Geschichten aus Kinderland, so ergreifend geschildert hat. Den Winter verbringen solche Kinder zwischen Spielen und der Schule immer artig, immer wohlgesittet in der Stadt, in ihren Freistunden werden sie von Erziehern und Gouvernanten in den Parks spazieren geführt, oder sie fahren mit ihren Eltern im Wagen aus. Im Sommer dann geht es irgendwohin ›auf das Land‹, immer erster Klasse, immer irgendwie am wirklichen Leben vorüber, in irgendeines der großen Hotels der heimatlichen Alpenwelt oder nach einem der internationalen Badeorte des Auslands. Freiheit, Ungebundenheit, wahres Kindsein unter andern Kindern kennen sie fast niemals, und so sind sie im tiefsten allein, einsam, unverstanden. Denn wie bald fühlen sie es, daß die Erwachsenen ihre eigene, gesonderte Existenz leben, eingehüllt in eine Atmosphäre der Lüge und des Verschweigens, daß sie, die Kinder, von ihnen nicht für voll genommen werden, daß sie nicht mitreden dürfen, ohne daß man sie sofort zur Ruhe verweist. Es sind Kinder, mit denen man französisch parliert und die sich von kleinauf danach richten müssen, was ›die Leute‹ sagen. Frühzeitig durchschauen sie aber das Spiel, sie werden mißtrauisch; ihre Nerven sind so fein, so überempfindlich, daß sie alles, was um sie vorgeht, seismographisch sehr bald erahnen. Vorerst flüchten sie wohl noch in den Traum, die Knaben lesen gierig die Bücher des Karl May und machen sich daraus ihre Welt, vollgepreßt mit Tigerjagden, braunen Menschen, Hindus und dem Dschaggernat, jenem furchtbaren Rad, das Tausende unter seinen Speichen begräbt. Aber bald pürschen sie sich auch schon leidenschaftlich an die Wirklichkeit heran, die sie allseits umgibt; sie argwöhnen, daß die ›Großen‹ ein Geheimnis hüten, sie fühlen es nun schon immerfort und überall, wenn sie mit den Eltern sind, sie wissen, daß es sich hinter den verschlossenen Türen, in plötzlich abgedämpfter Rede vor ihnen verbirgt. Sie wissen aber auch längst, daß die Erwachsenen zuweilen unvorsichtig sind, daß sie sich den Betrug der einst so Arglosen allzu leicht machen. In ihrer brennenden Neugier, das Geheimnis um jeden Preis zu erforschen, stellen sie sich vor den Eltern schlafend oder dumm, sie lauschen irgendwo im Dunkeln verborgen, ja sie stehlen vielleicht einmal ein Buch heimlich aus des Vaters unversperrter Lade, doch sie verstehen es dann, die heimlich Lesenden, nicht. Aber je mehr sie forschen, umso glühender packt sie die unbezwingliche Neugier. Über-

all wittern sie nun Verrat. Leidenschaftlicher Verdacht hat ihren unreifen Intellekt vorzeitig geschärft, sie haben ihre Spiele und ihr Lachen verloren. Und dann plötzlich erjagen, erhaschen, erlisten sie es durch irgend einen Zufall, durch ein Wort, eine Bewegung, dieses brennende Geheimnis von Geschlecht zu Geschlecht. Und nun wissen sie alles, wie mit einem Schlag. Sie wissen, daß man sie belogen hat, daß alle Menschen gemein und niederträchtig sein können. Sie lieben ihre Eltern nicht mehr. Sie glauben nicht mehr an sie. Vertrauen, Zuneigung, Respekt sind plötzlich geschwunden.
Was jenen Kindern aber gegeben ist: die sorglose Geborgenheit, das ahnen sie erst, wenn sie sich leidenschaftlich in das neue, das wirkliche Leben stürzen und dann ihr alberner Haß gegen die eigene Kindheit verraucht. Denn manche von ihnen hält es nun nicht länger im Vaterhaus, sie fliehen vor dem entdeckten Geheimnis irgendwohin in die Ferne, sie leisten sich eine Eskapade, sie brechen aus. Ach, wie oft hatten sie von solcher Flucht in das Leben geträumt, da sie Kaiser oder König hatten werden wollen, Soldat oder Dichter, nun aber wird es ihnen zum erstenmal klar, daß ein Preis zu bezahlen ist für alle Dinge der Welt, und wäre es auch nur für eine kurze Eisenbahnfahrt unter Arbeitern auf den harten Bänken der

dritten Klasse ... »Zum erstenmal kam ihm jetzt zum Bewußtsein,« berichtet Stefan Zweig von dem kleinen Advokatensohn Edgar, seinem Doppelgänger jener frühen Tage, »daß er eine Atmosphäre von Wohlbehagen selbstverständlich gewohnt war und daß rechts und links von seinem Leben Abgründe tief ins Dunkel hineinklafften, an die sein Blick nie gerührt hatte. Mit einem Male bemerkte er, daß es Berufe gab und Bestimmungen, daß rings um sein Leben Geheimnisse geschart waren, nah zum Greifen und doch nie beachtet. Edgar lernte viel von dieser einen Stunde, seit er allein stand, er begann vieles zu sehn aus diesem engen Abteil mit den Fenstern ins Freie. Und leise begann in seiner dunklen Angst etwas aufzublühen, das noch nicht Glück war, aber doch schon ein Staunen vor der Mannigfaltigkeit des Lebens ... Mit anderen Blicken sah er aus dem Fenster. Und es war ihm, als ob er zum ersten Male alles Wirkliche sähe, als ob ein Schleier von den Dingen gefallen sei und sie ihm nun alles zeigten, das Innere ihrer Absicht, den geheimen Nerv ihrer Tätigkeit. Häuser flogen vorbei wie vom Wind weggerissen, und er mußte an die Menschen denken, die drinnen wohnten, ob sie reich seien oder arm, glücklich oder unglücklich, ob sie auch die Sehnsucht hatten wie er, alles zu wissen, und ob vielleicht Kinder dort seien, die auch nur mit den

Dingen bisher gespielt hatten wie er selbst. Die Bahnwächter, die mit wehenden Fahnen am Weg standen, schienen ihm zum ersten Male nicht, wie bisher, lose Puppen und totes Spielzeug, Dinge, hingestellt von gleichgültigem Zufall, sondern er verstand, daß das ihr Schicksal war, ihr Kampf gegen das Leben ...«

So sinkt auch für jene Großstadtkinder der Reichen früh schon die Kindheit, schön und traurig zugleich, in die Dämmerung alles Vergangenen zurück. Erst viel später, auf der Mittagshöhe des Daseins, mischt sich dem Dichter in die Lust jener Zeit, allem Abenteuer des Lebens sich zu öffnen, die Klage um den entschwundenen Zauber in den beflügelten Worten:

»O Kindheit, wie ich hinter deinen Gittern,
Du enger Kerker, oft in Tränen stand,
Wenn draußen er mit blau und goldnen
                                  Flittern
Vorüberzog, der Vogel Unbekannt,

O Nächte Ungeduld, da sich die Hand
Am Riegel wundriß — schon fühlt ich das
                                  Zittern
Verfrühter Wünsche mir im Blut gewittern —
Bis ich ihn brach und frei die Ferne fand!

Kaum daß ich blickte, war ich schon ent-
                                  sprungen.
Mein war die Welt! In hundert heißen Schauern
Verlor sich das verbreitete Gefühl.

Und doch, Entsinnen bringt mir oft Bedauern:
›O süße Angst der ersten Dämmerungen!
O könnt ich heim! Wie war ich rein und kühl!‹«

SCHULE

Das Gymnasium hat Stefan Zweig in Wien besucht. Ungeduldig durchläuft er, nach seinem eigenen Wort, die Schule. Freilich: Sie ist noch durchaus auf die alten Methoden, auf Drill des Gedächtnisses eingestellt, die frische Luft einer neuen Zeit, die Spiel, Freiheit, Betätigung der Phantasie für den Schüler fordert, hat die dumpfigen, verstaubten Säle noch nicht durchweht. Aber was die Schule ihm gibt, ohne daß er es vielleicht vorerst ihr, der strengen Spenderin, dankt, ist die Hochachtung vor der geistigen Leistung, die Liebe, die ihn zu den blühenden Worten der Dichter erfaßt, die Leidenschaft, mit der er ihre Biographien aus den illustrierten Literaturgeschichten auswendig lernt, ihre Unterschriften nachahmt und die Autographen der Namhaften zu sammeln beginnt. Und sie gibt ihm überdies die Gefährten, mit denen ihn nicht nur diese Liebe verbindet, sondern darüber hinaus der heimliche Wunsch, es jenen Großen einst gleichzutun. »Schon im Gymnasium«, schreibt Zweig, »war nicht nur mir allein, sondern einer ganzen Gruppe künstlerische Betätigung das uneingestandene Ziel und Kunstgenuß die gemeinsame Leidenschaft. Wir bildeten gleichsam die letzte Generation jenes heute fast nicht mehr rekonstruierbaren Kunstfanatismus, der diese

alte Theater- und Komödiantenstadt von je auszeichnete: knapp hinter uns verwandelte sich bei den Jüngeren diese Leidenschaft in Sport. Training, sie sind kräftiger, tüchtiger geworden als wir, aber ich beneide sie darum nicht...«
Indes, wie regte sich's nun auch allenthalben neu in dem alten Wien, wie kamen diese Jahre dem inneren Drängen, dem Lebensdurst, der Leidenschaft jener jungen Menschen von außen entgegen! Wie waren sie erfüllt von Musik, dieser »Sprache über den Sprachen«, dieser »ersten, großen Botschaft der Seele, dieser ersten Unendlichkeit jeder Jugend«! Bruckner und Brahms waren zwar eben dahingegangen, aber noch stand Wien in ihrem Zeichen. Gustav Mahler erschien, jung, feurig, begeistert und begeisternd, und erschuf mit einer Schar erlesener Sänger und Gestalter Mozart und Wagner neu. Und eine junge Generation von Dichtern war mit einemmal da, in deren Versen süßeste, verlockendste Kantilenen sangen. Ein halber Knabe noch schrieb Hofmannsthal seine berückendsten Gedichte und Dramen, von Prag wehte Rilkes reine Stimme herüber, in Arthur Schnitzlers Menschen und Dialogen erblühte alle lachende und weinende Grazie dieses Wien der Neunzigerjahre, Peter Altenberg sagte in kleiner, erlesener Form die größten und tiefsten Dinge, und über sie alle schwang Hermann Bahr unermüdlich die

lodernde Fahne jeder Revolte für das Moderne. Gleichzeitig taten sich die jungen Maler zusammen, bauten ihr eigenes Haus, die ›Sezession‹, weihten es dem ›Ver sacrum‹, dem heiligen Frühling, frondierten gegen alles Hergebrachte, alles Gestrige, richteten ihre leidenschaftlichen Blicke über die Grenzen nach Frankreich, Schweden, Italien, Schottland hinüber. Und zu diesem schwellenden Überfluß an neuen Harmonien und berauschenden Farben erklang unter Busonis Zauberfingern das Klavier, sang die Rosésche Geige ihre Meisterweisen, während, Musik auch sie, die Stimme Josef Kainz, des idealen Schauspielers dieser glühenden Jugend, im Burgtheater zum erstenmal ertönte.

Es kann nicht anders sein: allmählich schwingt die junge Seele in den großen Rhythmus dieser Tage schwärmerisch ein, beginnt sich der eigene Wille zur Gestaltung zu regen. Formgefühl und Leichtigkeit sind da, und aus den frühen Einsamkeiten der Kindheit, aus der Entdeckung des brennenden Geheimnisses der Geschlechter, aus erster eigener Regung des unerfahrenen Herzens, scheu und tastend, nicht zuletzt aber aus der ungeheuren Sehnsucht nach dem wirklichen Leben, das, immer noch ein unerforschtes Unbekanntes, vor dem Knaben liegt, entstehen allmählich Blatt für Blatt jene ersten Gedichte, die der kaum Zwanzigjährige dann unter dem Titel ›Silberne Saiten‹ sammelt. Tod, Sehnsucht, Melancholie sind darinnen, Weltschmerz des zum Dichter Erkorenen, Gram um die entschwindende Jugend, Allegorien der Nacht, wie von Baudelaire geborgt, Richard Wagners Wonnemond, Purpur, Silber und Seide. Frühe Beachtung haben sie ihrem Schöpfer gebracht, aber heute wirken sie, die längst Verworfenen, nach all dem Heißen, Fiebernden, Zuckenden, das er uns seither schenkte, etwas unpersönlich, in ihrer Weltanschauung ein wenig gekünstelt und durch die Jahre, die über sie hingegangen sind, verblaßt.

Die Ursache liegt auf der Hand: Stefan Zweig spielte damals noch mit der Dichtung, und seine tiefste, unbezwinglichste Leidenschaft gehörte dem Leben, das er seit Kindertagen erahnte. Was würde dieses große, freie, dieses wirkliche Leben bringen? — Darauf kam es an. Und die Frage war: Was kann aus Knaben, aus jungen Männern werden, deren äußeres Dasein so leicht, so unproblematisch, so sorglos ist, wie das seine? Wenn sie die ältesten Söhne ihrer Väter sind, heischt sie bald das ererbte Geschäft, müssen sie sich in das Räderwerk geduldig einfügen, das die Familie durch die Generationen mit seinem alten, erprobten Rhythmus bewegt. Stefan Zweig aber hat das Glück, zweiter Sohn zu sein;

ein älterer Bruder nimmt ihm diese Verpflichtungen ab. So könnte er — niemand und nichts hindert ihn daran — ganz seinem Talent, seinen Neigungen, seinen Leidenschaften leben. Er könnte einer von jenen eleganten jungen Männern werden, die er in seinen Novellen immer wieder geschildert hat. Nichtstuer, Frauenjäger, Spieler sind sie, alle ähneln sie ein wenig Schnitzlers Anatol, diese Günstlinge des leichten Lebens: der Baron im ›Brennenden Geheimnis‹ etwa, der jenes kleinen Edgar schöne, hart schon die Grenze der Überreife streifende Mutter in das Abenteuer hetzen will wie scheues Wild, oder der junge polnische Adelige in ›Vierundzwanzig Stunden aus dem Leben einer Frau‹, der rettungslos dem Kartenteufel verfällt. Alle sind sie Besessene des Lebens und der Leidenschaft. Frühzeitig schon merken sie, daß »keine Wollust gefährlicher, verlockender und verderbter ist, als den ersten Funken in das Auge eines Mädchens zu sprengen«, aber bald interessieren die jungen Mädchen sie nicht mehr, »weil ihre ganzen Erlebnisse nur negative und darum zu ähnliche sind«. Sie sind vielleicht nicht gerade hübsch, diese jungen Männer, aber sie haben sehr männliche, energische Bubengesichter und frische, fast ungezogene Bewegungen, die die Frauen entzücken. Sie sind Gesellschaftsmenschen, überall gern gesehen, unfähig zur Einsamkeit aus Angst, sich selbst besser kennen zu lernen als unbedingt nötig, Menschen, denen schon »viel geglückt ist und in denen nun beständig alles für eine neue Begegnung, ein neues Erlebnis bereit ist, die immer gespannt sind, sich ins Unbekannte eines Abenteuers zu schnellen, die nichts überrascht, weil sie alles lauernd berechnet haben, die nichts Erotisches übersehen, weil schon ihr erster Blick jeder Frau in das Sinnliche greift, prüfend und ohne Unterschied, ob es die Gattin ihres Freundes ist oder das Stubenmädchen, das die Türe zu ihr öffnet... Sie sind immer geladen mit Leidenschaft, aber nicht der des Liebenden, sondern der des Spielers, der kalten, berechnenden und gefährlichen. Es gibt unter ihnen Beharrliche, denen weit über die Jugend hinaus das ganze Leben durch diese Erwartung zum ewigen Abenteuer wird, denen sich der einzelne Tag in hundert kleine, sinnliche Erlebnisse auflöst — ein Blick im Vorübergehen, ein weghuschendes Lächeln, ein im Gegenübersitzen gestreiftes Knie — und das Jahr wieder in hundert solcher Tage, für die das sinnliche Erlebnis ewig fließende, nährende und anfeuernde Quelle des Lebens ist.« Ja, es kann geschehen, daß sie sich bis zum Verführer großen Stils emporsteigern, zu jenem Amokläufer seiner Leidenschaft, dem Stefan Zweig Verse in den Mund legt, wie diese:

Stefan Zweig als Student in Berlin

Foto: Fischer-Schneevoigt, Berlin

»Ich will nicht denken,
Daß Frauen sich auch an andre verschenken.
Ich wollte sie alle an meinen Händen,
Alle fühlen wie funkelnde Ringe,
Alle besitzen und alle verschwenden...«

Sie sind zuweilen auch Künstler, diese jungen Männer, wie der Geigenvirtuose in ›Die Liebe der Erika Ewald‹ oder der Pianist Eduard (der Geliebte der Frau Irene Wagner in der Erzählung ›Angst‹). Schon von Jugend auf, halbe Kinder noch, werden sie von den Frauen zu sehr verhätschelt und verführt, »um in einer vergeistigten Liebe Befriedigung zu finden«. Temperamentvoll und blasiert zugleich lieben sie »mit jenem schroffen Begehren, das der letzten sinnlichen Erfüllung zustrebt, um dort zu verbluten«. Sie können sogar Dichter von Rang und Namen sein, wie jener »bekannte Romanschriftsteller R.« im ›Brief einer Unbekannten‹, der nur das Leichte, das Spielende, das Gewichtslose liebt und sich so sehr davor fürchtet, in ein Schicksal einzugreifen, daß er jahre- und jahrzehntelang eine Frau übersieht, ja, so oft er ihr auch begegnet, sie niemals wiedererkennt, obwohl sie ihm — ein zweites Kätchen von Heilbronn — bedingungslos ihr ganzes Leben hingibt.

Stefan Zweig entging der Gefahr, sich an solche Leichtigkeit zu verlieren, der Leidenschaft seines Blutes ganz zu verfallen oder in überkommene Welt verkapselt zu bleiben. Genau wie seinem Friedrich Michael von R. (in ›Phantastische Nacht‹) kann es auch ihm nicht genügen, ein begabter, beliebter, vermögender junger Mann zu sein und seine »beschauliche Existenz immer mehr mit wissender Sorgfalt und künstlerischer Neigung auszubauen«. Aber früher und vehementer als jenen treibt es ihn, aus einer solch wohligen Atmosphäre einer gleichzeitig belebten und doch nie erschütterten Jugend auszuströmen in die Welt, sich in alle Höhen und Tiefen des allgemeinen Daseins zu stürzen. Denn eine unbezwingliche Neugier sitzt Stefan Zweig im Blut, eine geheimnisvolle Neugier, von der er sagt, daß sie ihn jahrelang gelockt habe, immer wieder andere Grenzen zu überschreiten im Wirklichen und im Geistigen und dies bis tief ins Exotische und Gefährliche hinein. Diese Neugier ist der Schlüssel zu seiner innersten menschlich-künstlerischen Wesenheit, und Romain Rolland, selbst ein großer Neugieriger, hat über sie erst kürzlich (in seinem Vorwort zur französischen Ausgabe von ›Amok‹) das entscheidende Wort gesagt. »Der charakteristischste Zug seiner künstlerischen Persönlichkeit«, schreibt er, »ist das leidenschaftliche Bedürfnis zu erkennen, die unablässige, niemals befriedigte Neugier, der dämonische Drang zu sehen, zu wissen und jedes Leben zu leben, der aus ihm einen ›Fliegenden Holländer‹, einen passionierten Pilger gemacht hat. Immer ist er auf Reisen, alle Gebiete der Kultur durchstreift er, stets beobachtend und notierend, seine persönlichsten Werke schreibt er auf flüchtiger Rast in irgendeinem Hotelzimmer. Autographen rafft er zusammen in seinem Fieber, im Geheimnis der großen Männer, der großen Leidenschaften, der großen Schöpfungen all das zu entdecken, was sie dem Publikum verschweigen, was sie nicht ausgeplaudert haben. Er ist der freche und zugleich fromme Liebhaber des Genius, dessen Mysterium er vergewaltigt, aber nur, um es tiefer zu lieben, der Dichter, der sich den gefährlichen Schlüssel Freuds zu eigen gemacht hat, der Seelenjäger...«

Aber Stefan Zweig ahnt auch schon früh die hohen Ziele, nach denen ihn diese unerhörte, nie gestillte und durch nichts zu stillende Neugier weist. Denn auch sie hätte für ihn hunderterlei Gefahr, wäre ihm nicht zugleich ein magisch sicheres Gefühl für alle Werte, ein untrüglicher Instinkt für das Bedeutende, eine unverbrüchliche Verehrung alles Großen, alles Heroischen schon in jenen frühen Jugendtagen gegeben.

WANDERJAHRE

Wien jedoch, das fühlt er bald, ist für ihn nicht der richtige Boden. Allzu weich und wollüstig ist die Stadt, wie keine zweite bildet sie das Spazierengehen, das nichtstuerische Betrachten, das Elegantsein zu einer beinahe künstlerischen Vollendung, zu einem Lebenswerk heran. Stefan Zweig verlangt es nach schärferer Luft, und darum gibt er schon als Hochschüler, als Student, dem ererbten, immer heißer in ihm aufgährenden Drang in die Ferne nach, geht für ein Semester nach Berlin, tritt dort Peter Hille und dem Kreise der letzten ›Kommenden‹ nahe. Dankt er der Hochschule etwas? — Viel später einmal, wenn er Kleists tragisches Bildnis entwirft, schätzt er das Bedürfnis nach Schulweisheit, nach Bildung, die ihm »das Arkanum des Lebens wie für jeden Deutschen« scheint, dies »viel aus Büchern lernen, in Vorlesungen sitzen, Kollegbücher schreiben, den Professoren lauschen« nicht sonderlich hoch ein, und von den Gelehrten selbst, diesen »professoralen, fachmännischen Naturen«, sagt er in seinem Essay über Nietzsche, dem er sie gegenüberstellt, daß wir sie zwar ehren, »ohne sie doch für unsere eigene geistige Welt als eine Entscheidung zu fühlen«. Indes lernt er in diesen Jahren die Zucht der philosophischen Methode, diesen sicheren, verläßlichen Unterbau, auf dem er die Figuren all der großen Dichter und Denker errichten sollte, die er später in neu errungener, nun erst wahrhaft gültiger Freiheit gebildet hat. Und wie alles in seinem Leben, so hat auch die Studentenzeit für den Dichter Zweig ihren Sinn: undenkbar wären die Situationen und Gestalten einer der reifsten und kühnsten seiner Novellen ›Verwirrung der Gefühle‹ ohne den Hintergrund der deutschen Universitätsstadt, der Hochschule, des philologischen Seminars.

Aber rasch ist der äußere Studiengang abgeschlossen: ein Jahr nach Otto Weininger und gemeinsam mit dem Freunde Erwin Guido Kolbenheyer wird der bürgerlich geforderte philosophische Doktorgrad erreicht. Der Militärdienst heischt den körperlich Zarten nicht. Die dichterische Berufung scheint längst erwiesen. Den Neunzehnjährigen schon hatte Theodor Herzl, damals Feuilletonredakteur der wiener ›Neuen Freien Presse‹, entdeckt, des Unbekannten Erzählung ›Die Wanderung‹ abgedruckt, als erster öffentlich über ihn geschrieben und ihm stets seine besondere Neigung nicht zuletzt dadurch bewiesen, daß er ihn für seine Ideen gewinnen wollte. Nun aber sind schon zwei Bücher, die ›Silbernen Saiten‹ und der Novellenband ›Die Liebe der Erika Ewald‹ erschienen. Die Zukunft ist vielversprechend. Nichts hält ihn. Nirgends ist er verwurzelt, nirgendwo durch Beruf oder Pflicht gebunden. Die Welt steht ihm offen. Frei durchstreift er die Länder, aber nicht in der flüchtigen Eile der platten Genießer, der »Spazierfahrer durch die Welt«, sondern überall verweilend, Wurzeln schlagend, hinter den äußeren Bildern die inneren Gesichte, die Bindungen des Blutes, die geistigen Zusammenhänge erahnend, aufspürend, entdeckend. In Paris, in London, in Florenz, in Berlin, in Rom hat er in jenen Jahren kameradschaftlich mit der gleichaltrigen Jugend gelebt, nach Spanien und Schottland, nach Indien, an die chinesischen Grenzen, nach Afrika, Nordamerika, Kanada, Kuba und an den Panamakanal ist er gereist, nicht aber, wie die internationalen schreibenden Globetrotter von heute, mit dem Notizblock in der Faust und dem unterzeichneten Kontrakt eines Verlegers in der Tasche. Kein einziges Reisebuch haben diese vielen Reisen gezeitigt, kein einziges jener trostlosen Produkte der Übereilung, in denen nach ein paar Wochen flüchtigen Schauens abschließendes, unumstößliches, hochnasiges Urteil über ein Volk oder ein Land gefällt wird, nein, kaum eine Handvoll Gedichte, kaum ein Schock farbenfroher Aufsätze, und auch sie blieben lange nur in Journale flüchtig hingestreut, um erst spät, und ihrer einige nur, in dem kleinen Buche ›Fahrten‹ gesammelt zu werden. Aber diese Reisen geben dem Dichter Zweig unendlich viel mehr: das lebendige Bild Europas, ja der Welt, den Blick auf das Ganze und den prachtvollen internationalen Hintergrund seiner Novellen.

Denn nicht nur in Wien spielen sie, nicht nur in den Hochtälern der Alpen, wo Stefan Zweig so viele seiner sommerlichen Knabentage verbracht hat: weiter ist der Schauplatz gesteckt. Die oberitalienischen Seen mit ihren Familienpensionen sind da, die Riviera zeigt sich mit ihren Cornichen und Hotels, Schottland ersteht mit seinen alten Herrenhäusern. Hafenstädte tun ihr Geheimnis auf, immer wieder, mit ihren gefährlichen Gassen, die einander in Hamburg und Colombo und Havanna gleichen, »heimliche Anhäufung aller Verführungen für die Matrosen, letzte phantastische Reste einer sinnlich ungeregelten Welt, wo die Triebe noch brutal und ungezügelt sich entladen«. Ja, bis über den Ozean spielen diese Novellen hinüber, bis nach Kalkutta mit seinen gelben Malaien und den verruchten Chinesenvierteln.

Und in diesem Weltdekor ist Zweig natürlich auch seinen internationalen Akteuren begegnet, etwa dem verkommenen deutschen Arzt, der, als Angestellter einer holländischen Gesellschaft, sieben Jahre in den Kolonien verbracht hat und nun, auf der Heimreise unter tropischem Sternenhimmel, die atemraubende Geschichte seines leidenschaftlichen Amoklaufes erzählt, der einer reichen, kalten, vornehmen Engländerin, der Frau eines Großkaufmannes, gilt. In den Hafenvierteln sieht Zweig die Dirnen vegetieren, unter denen jene Deutsche der ›Mondscheingasse‹ wohl die seltsamste ist, die sich an ihrem einstigen Manne, dem unverbesserlichen, in sie vernarrten Geizhals, nicht minder grausam rächt als die Gattin des blutrünstigen spanischen Granden bei Barbey d'Aurevilly. In den kosmopolitischen Pensionen und Hotels sitzt der Dichter Tisch an Tisch mit einer bunten internationalen Gesellschaft, von der man nie recht weiß, woher sie kommt und wohin sie zieht. Ältere Herren sind da, wie jener Livländer von Geburt, der, erst in Frankreich, später in England erzogen, ein Mitteltypus zwischen korrektem englischen Staatsmann und pariser Causeur, seine ›Sommernovellette‹ mit der jungen norddeutschen Kleinstädterin erlebt, hasardierende russische Generäle, angelnde Dänen und jener Fabrikant aus Lyon, der mit seinem Geschäftsfreund aus Namur so lange bei der Dominopartie sitzt, bis seine Frau, die feine, zarte, ganz zurückhaltende Madame Henriette, plötzlich mit dem jungen Franzosen verschwindet, der bislang so angelegentlich mit der Sekretärin des Hotels geflirtet hat und bei allen Gästen, selbst dem deutschen Ehepaar, so beliebt war.

Auch der lächerliche Geheime Kommissionsrat Salomonsohn verirrt sich, alt und schon von Krankheit zernagt, in diese Welt, er, der viele Jahre lang mühsame Geschäftsreisen bis tief nach Polen und Ungarn gemacht hat, um seiner Frau und Tochter den Luxus leichten, eleganten Lebens zu gestatten, und der nun mit ansehn muß, wie sich sein vergöttertes Kind, die kaum zwanzigjährige Erna, an den italienischen Conte oder den mecklenburgischen Herrenreiter verliert. Denn sie ist durchaus nicht ungefährlich, diese scheinbar so harmlose, glatte, kultivierte Welt, das hat auch Mrs. C. einst erfahren, die weißhaarige, vornehme englische Dame mit den klaren grauen Augen, die, vierundzwanzig Stunden Amokläuferin verwirrten Gefühles auch sie, so bemerkenswert frei und offen die phantastischste Episode ihres Lebens erzählt. Ja, es kann in dieser fabelhaften Welt geschehen, daß selbst Domestiken an allzu fernen Prinzessinnen sich verbluten, wie der schlanke, sehr soignierte sentimentale Kellner François (in der Jugendnovelle ›Der Stern über dem Walde‹), der an der schönen polnischen Gräfin Ostrowska zugrunde geht, als sie in die unerreichbare Sphäre des hohen Adels und der feudalen Schlösser entschwindet, in jenes gesellschaftliche ›Oben‹, das, wie sonst nur noch das unterste ›Unten‹ des Lebens, überall die nämliche Form hat, in jene exklusive Zone der Verwöhnten, in der der junge Engländer Bob, halb Cherubin noch und halb Kornett schon von Rilkes Gnaden, seine erste Liebesgeschichte in der Dämmerung des Parkes mit einer seiner drei scheinbar so korrekten aristokratischen Kusinen erlebt.

All diese Menschen, und wie viele andre, hat Stefan Zweig während seiner Wanderjahre irgendwie gestreift, gefühlt oder erdichtet. Kann sein, er weiß es vorerst kaum, denn noch ist ihm Literatur »nicht das Leben, sondern nur eine Ausdrucksform des Lebens«. Noch hat er ihr nichts geopfert, noch ist sie für ihn nur »eine Steigerungsform der Existenz, eine Art, das Erlebte zu verdeutlichen und sich selbst zu verständlichen«. Diese Existenz, weit, voll, stark, wissend zu gestalten, sie dem Wesentlichsten, dem Wirklichsten zu verbinden, war in all jenen Jahren sein leidenschaftlicher Trieb.

Verhaeren

VERHAEREN

Das Wesentlichste, das Wirklichste, das zentrale Erlebnis jener frühen Zeit ist aber das einer ganz seltenen, ganz einzigartigen Freundschaft.

Wundervoll hat Stefan Zweig in seinen ›Erinnerungen an Verhaeren‹ (die er nach dem Tode des Dichters schrieb und während des Krieges als Privatdruck herausgab) die Geschichte dieser Freundschaft geschildert und wahrhaft ergreifend berichtet, wie er früh schon hingeführt wurde zu dem großen, väterlichen Weggenossen.

Denn was er daheim an Vorbildern erlebt hatte, war zu fern oder zu nahe: Bloß in Biographien hatte er Beispiele dichterischmenschlichen Einklanges gefunden, aber schon früh geahnt, daß jedes Lebensgesetz, jede innere Gestaltung nur vom Lebendigen ausgeht, von erlebter Erfahrung und geschautem Exempel. Wohl hatte er auch daheim schon Dichter erspäht, Liliencron und Dehmel etwa von ferne, wohl hätte er manchen unter ihnen besser kennen lernen können, aber sich aufdrängen, davor bewahrte ihn eine Scheu, die er später selbst als geheimes und glückliches Gebot seines Daseins erkannte. Wohl hatte er vor den unmittelbaren wiener Vorläufern, vor Schnitzler, Wassermann und Bahr, vor Hofmannsthal und Rilke unendlichen Respekt: er wußte genau, was er von ihnen gelernt hatte, und er dankte es ihnen. Diese erste große Freundschaft jedoch galt einem räumlich fernen, einem fremdländischen Menschen.

Es ist anscheinend nur Zufall, was ihn dem belgischen Dichter entgegentreibt, der, um so viel älter, genau in Zweigs Geburtsjahr als Anwalt in das Bareau in Brüssel eintritt und zwei Jahre später sein erstes Buch, die ›Flamandes‹ herausgibt. In Wahrheit aber ist es die »eingeborene Notwendigkeit« seines Schicksals, an die Stefan Zweig so unverbrüchlich glaubt. Schon im Gymnasium erwacht seine mystische, durch nichts Wirkliches begründete Neigung zu diesem Werk, in dem, obwohl es kaum noch bekannt ist, der Spürsinn des Jünglings schon alle kommende Größe wittert. Einige jener Gedichte regen ihn an, er versucht die »noch ungelenke Wortkraft« an ihnen, übersetzt sie und schreibt, ein Siebzehnjähriger, einen Brief um die Erlaubnis zur Veröffentlichung an Verhaeren. Die Bitte wird gewährt, aber erst vier Jahre später, im Sommer 1902, erfolgt in Brüssel die erste persönliche Begegnung, und allmählich vertieft sich dann, im gemeinsamen Gang durch die Zeit, Schritt für Schritt die Beziehung. In dem winzigen Grenzort Caillou-qui-bique, wo Verhaeren in schlichtestem Landhaus den Sommer verbringt, bindet sie immer wieder oft wochenlange Gemeinschaft. Hier wird

Stefan Zweig durch den Freund in eine absolute Sphäre von Einfachheit und Kleinbürgerlichkeit eingeführt, hier erlebt er zum erstenmal den direkten Kontakt mit der Natur. Aber auch auf Reisen und in den Städten sind sie beisammen, in Lüttich mit Albert Mockel, in Berlin mit Reinhardt und Eduard Stucken, in Blankenese mit Dehmel, in Leipzig bei Kippenbergs mit van de Velde, in Paris mit Rilke, Romain Rolland und Bazalgette, oder draußen in Meudon beim alten Rodin. Langsam reift in diesen gesegneten Jahren Verhaerens Ruhm, langsam Zweigs eigene Werbung für das fremde, freundliche, geliebte, bewunderte Werk.

Was ihn an diesem Werk vor allem fasziniert, ist, daß es alle Formen des zeitgenössischen Lebens spiegelt. In Verhaerens Dichtung sieht Zweig die ganze Epoche, jenes aufsteigende zwanzigste Jahrhundert, im Reflex. »Die neuen Landschaften sind darin, die finsteren Silhouetten der großen Städte, die drohende Brandung der demokratischen Masse, die unterirdischen Schächte der Bergwerke, die letzten schweren Schatten der schweigsamen Klöster. Alle geistigen Gewalten jener Zeit, ihre Ideologie, ist hier Gedicht geworden, die neuen sozialen Ideen, der Kampf des Industrialismus mit dem Agrariertum, die vampyrische Gewalt, die das Landvolk von den gesunden Feldern in die brennenden Steinbrüche der Großstadt lockt, die Tragik der Auswanderer, die finanziellen Krisen, die Errungenschaften der Technik, die neuen Farben der Impressionisten.« Und Zweig sieht, wie der Dichter sich dieser Vielfalt der Dinge mit dem ganzen Enthusiasmus seines unerschöpflichen Herzens hingibt. Denn Verhaeren blickt sie nicht kalt an, wie unzusammenhängende Bilder, sondern er verschenkt sich mit aller Lust an alles, er betrachtet gleichsam sich selbst in allen Erscheinungsformen. Was etwa bisher für fremd und häßlich galt, das erforscht er in dem neuen Sinne, in welchem es schön ist, und der Maßstab dieser neuentdeckten Schönheit liegt einzig darin, was und wieviel es an Absicht, Willen und lebendiger Energie enthält.

Stefan Zweig lernt so an Verhaerens Beispiel vor allem dies, daß ein Dichter, der seiner Zeit notwendig sein will, nur derjenige werden kann, »der selbst wieder alles in dieser Zeit als notwendig und darum als schön empfindet. Einer, dessen ganzes dichterisches und menschliches Bemühen es wäre, einen Gleichtakt des eigenen Gefühls mit den zeitgenössischen Gefühlen zu erstreben, den Rhythmus seines Gedichtes nichts anderes sein zu lassen, als Nachhall vom Rhythmus der lebendigen Dinge, das Tempo sich lehren zu lassen vom Takt unserer Tage und

Zweig mit Verhaeren und Frau
in Caillou-qui-bique

in seine zuckenden Adern das Blut unserer Zeit einströmen zu lassen.« Der Rhythmus des modernen Lebens aber ist ein Rhythmus der Erregung. In fortwährender Vibration sind die modernen Städte, und ist auch der Einzelne nicht erregt, so schwingen doch seine Nerven immer unbewußt mit von der Resonanz des dunklen Welttones. In Verhaeren nun äußert sich — das spürt Stefan Zweig — dieser rasende Rhythmus des ewig Eilenden, Laufenden, des Unruhigen, des Leidenschaftlichen, der Rhythmus des modernen, des amerikanisierten Menschen. »Toute la vie est dans l'essor!« Alles Leben ist für Verhaeren im Aufschwung. Der leidenschaftliche, der begeisterte Mensch steht für ihn höher als der kritische und temperamentlose, und so treibt er auch seine Gedichte bis zur Siedehitze empor. Immer und immer wiederholt er sich in seiner Ekstase, als wäre noch irgendein Letzter zu überzeugen. Vorwärts, unaufhaltsam vorwärts strebt alles und schleift den Zaudernden mit hypnotischer Gewalt nach. Aufpeitschen, Hinaufhetzen, Mitreißen ist Verhaerens tiefster Wille. Nicht literarischer Einfluß ist es, was der kultivierte, feine, noch ein wenig zu sehr in seine Träume versponnene österreichische Großstadtjude von diesem robusten, erdentwachsenen flandrischen Bauernmenschen in jenen »seligen Lehrjahren des Herzens« erfährt, sondern vielmehr Er-

weckung in das unmittelbare, heiße Leben
solcher Gegenwart, eine ungeheure Steigerung des Lebensgefühls. Denn erst in solch
freudiger, liebender, bewußter Steigerung
über sich selbst hinaus durch die Bruderschaft mit allen Dingen erweist sich nun für
ihn, im Anblick dieses Vorbildes, die Möglichkeit, ein moderner Dichter zu werden.
Und der Haß Verhaerens gegen alles Sanfte,
Weiche, gegen Rundung und Ruhe, seine Bevorzugung des Brutalen, Harten, Rauhen,
Eckigen, seine Neigung für alles Grelle und
Intensive, für das Laute und Lärmende in
der Kunst, wie tief fahren sie in jenen
Jahren Stefan Zweig in das eigene dunkle
Blut!

Mehr aber: Verhaeren zeigt ihm, wie alles
Dichterische aus dem Menschlichen kommt;
Zweig erfühlt in ihm jenen seltenen Meister
des Lebens, der ihn in jeder Stunde seiner
Existenz lehrt, daß nur ein vollkommener
Mensch ein großer Dichter sein kann, und
Verhaeren gibt ihm so mit der Begeisterung
für die Kunst auch den unverlöschlichen
Glauben an die menschliche Reinheit des
Künstlers zurück. Denn hinter diesem dichterischen Kunstwerk erblickte er bald das
unvergleichliche Kunstwerk eines großen Lebens, einen wundervollen, siegreichen Kampf
um diese Kunst. Wer ein großes Kunstwerk
schaffen will, das erkannte Zweig nun, muß
selbst Kunstwerk sein. Ja, zum erstenmal

spürt er, der noch so Junge und Unerfahrene, bei Verhaeren und in seinem belgischen Freundeskreis eine hellere, freiere Menschlichkeit, als er sie vordem unter Künstlern gekannt hatte, die er alle nur immer in Besorgtheit und eifernder Geschäftigkeit gesehen. Und geheimnisvoll erwacht in ihm die Sehnsucht, solche Sicherheit und Freiheit des Lebens inmitten der Kunst sich selbst zu gewinnen. Denn in der Tat: je tiefer er in Verhaerens Existenz blicken durfte, umso mehr lernte er gerade jene Sicherheit des großen Freundes bewundern, die in einem gläubigen Jasagen zu allen Dingen, unbekümmert um Gut oder Böse, beruhte, seine Freiheit, die unabhängig war von Besitz und Geld, die nicht im Genuß befriedigt wurde, die nicht in einem Überschwang der Wünsche bestand, sondern in jener heiteren Wunschlosigkeit, die in der Tatsache der Freiheit selbst schon ihre höchste Erfüllung erblickt. Wie still, wie bürgerlich, wie einfach und behaglich floß denn auch während des Sommers auf dem Lande und selbst während der Wintermonate in Paris Verhaerens innerlich so gewaltig flammendes Leben dahin, wie war es abgekehrt von allem Repräsentativen und Gesellschaftlichen, von der Welt der Salons, »wo der Ruhm gezüchtet und die Geschäfte der Kunst vermittelt werden«! Ganz zwischen intensivstes Erleben jedes Augenblicks und beharrlichste Verarbeitung solchen Erlebens war es gestellt. Denn auch dies lernte Stefan Zweig in jenen entscheidenden Jahren der Freundschaft, daß das Genie zwar der zündende Funke, das Zeugende des Werkes ist, daß aber Arbeit, beharrlichste Arbeit erst zur Vollendung emporführt. Das ganze dichterische Werk Verhaerens — das erkennt er — seine Form, sein Rhythmus, seine Philosophie, seine Architektonik, alles dies ist ein Erarbeitetes, ein durch Leidenschaft in hartnäckigem Willen Erzeugtes. Nein, er war keiner jener Wortkünstler, dieser Verhaeren, die immer den einzigen, notwendigen Vergleich finden, die den in einer unregelmäßigen Fülle nie sich wiederholenden Ausdruck magisch aufspringen lassen: einen Techniker des Wortes erlebt Zweig in ihm, der von gewissen Ausdrücken, Bildern, Adjektiven, Kombinationen halluziniert ist und sich unablässig durch sein ganzes Werk hindurch wiederholt. Zeile um Zeile, Strophe um Strophe, Gedicht um Gedicht, Zyklus um Zyklus baut er so wie aus Quadern in all jenen Jahren sein Weltgedicht empor.

Weltgedicht! Denn dies ist das Letzte, Größte, das Allerentscheidendste: Stefan Zweig erlebt in Verhaeren den ersten wirklich europäischen Dichter. Ein hohes moralisches Bekenntnis, einen neuen Glauben fühlt er in ihm, ein Brückenbauer ist er ihm von der alten in eine kommende, bessere, weil an neuen Möglichkeiten reichere Zeit, der Verkünder, der Prophet einer neuen Ordnung, eines neuen Ethos, einer neuen Religion, der soziale Dichter, der Schöpfer eines neuen Pathos, das dem Kampf des Menschen um seine Gottwerdung, um seine Unabhängigkeit, seine Freiheit vom Zufall und vom Übernatürlichen gilt, das die Synthese zwischen Wissenschaft und Religion, zwischen Irdischem und Göttlichem ausdrückt, indem es religiöses Vertrauen in die Wissenschaft lehrt.

Ja, dieser leidenschaftliche und im tiefsten doch so sanfte, gütige, milde Belgier war Europäer, gerade weil er alle Kontraste, alle Vorzüge der belgischen Rasse so rein verkörperte, weil er so sehr als der Sohn eines Landes sich fühlte, das Wegkreuzung ist, in das nicht nur alle Wege führen, sondern von dem auch alle ihren Ausgang haben, und dessen beste Söhne stets Heimatliche und zugleich Weltfahrer waren. Gerade er war befähigt, das große komplexe und erst im Werden begriffene europäische Gefühl durchleuchten zu lassen, die Sehnsucht nach dem Europäer zum erstenmal dichterisch auszusprechen, fast gleichzeitig wie Walt Whitman die seine nach dem Amerikaner, wie Nietzsche die nach dem Übermenschen. Wie in Walt Whitman der Jubel des erstarkten Amerika, so war in Verhaeren, das spürte Zweig, der Triumph der belgischen, der

europäischen Rasse. Seine Zeit in ihrer irdischen, ihrer materiellen, ihrer seelischen Form auszudrücken, ist er bestrebt, seine Verse stellen lyrisch das Europa um die Wende vom 19. in das 20. Jahrhundert dar, bewußt betrachten sie den ganzen Umkreis des Lebendigen, sie sind eine dichterische Enzyklopädie jener Tage. Zum erstenmal ist hier Paneuropa als Begriff neben Panamerika hingestellt.
Und allmählich beginnt nun auch dieses Europa aufzuhorchen.
Längst schon ist Verhaeren freilich mit den besten seiner Zeit verbunden. Rodin, Maeterlinck, Lemonnier, Meunier, André Gide, Albert Mockel, Viélé-Griffin, Carrière, Signac, Rysselberghe, sie alle, die in jenen Tagen innerhalb des französischen Sprachgebietes Großes schufen, stehen ihm menschlich nahe. Aber nun schließen sich auch schon die Jungen ihm an, wie Jules Romains, der seine Idee des städtischen Gefühls über ihn hinaus zu neuer Eindringlichkeit steigert, alle, »die in geheimnisvoller Gemeinschaft stehen mit all dem, was groß und drängend ist im Ausland, die ein ethisches Bedürfnis, ein Verlangen nach innerer Umwertung, nach Umbildung der Rassen, nach Internationalismus und Vereinigung haben...« In Deutschland erweckt Verhaeren die Bewunderung jener, »denen Dichtung ein Höheres bedeutet als das Literarische, denen

die Weltanschauung das edelste Resultat eines Lebens und eines Werkes ist«: Dehmel und Rilke lieben ihn brüderlich, Johannes Schlaf hat ihm ein begeistertes Buch gewidmet, Julius Bab wirkt mit Hingabe für ihn. In Rußland wird er als der Dichter der sozialen Erneuerung an den Hochschulen gelesen, aus Skandinavien jubelt Ellen Key ihm zu, und es verkündet ihn dort Georg Brandes. Aus allen Nationen reiht sich ein Ring von Menschen zusammen, die Verhaerens Persönlichkeit als ein neues Zentrum der Geistigkeit empfinden, über die ganze Welt sind die Freunde Verhaerens verstreut und bilden so eine internationale Gemeinschaft der Liebe.

Diesen europäischen Ruhm erlebt Verhaeren erst um das fünfzigste Jahr, und Stefan Zweig ist das beglückende Schauspiel gewährt, zu sehen, wie der große Dichter und geliebte Mensch sich auch gegen solchen Ruhm behauptet. »Nie«, schreibt Zweig in den ›Erinnerungen‹, »habe ich einen Dichter — nehme ich die brüderlich geliebte Gestalt Romain Rollands aus und die gütige große Gerhart Hauptmanns — einen Dichter unserer Zeit seinen Weltruhm schöner und verantwortungsvoller tragen gesehen als Emile Verhaeren. Mir aber war das seltsame und menschlich unendlich wichtige Erlebnis beschieden, diesen Ruhm, freundschaftlich nahe und ihn fördernd, Jahr um

Jahr, Monat um Monat wachsen zu sehen.«
Enthusiasmus: das war, — wir sahen es —
die Wurzel dieses Ruhmes, und im letzten
hat Stefan Zweig von seinem großen Freund
denn auch vor allem dies gelernt, enthusiastisch zu sein, gelegentlich zu überschätzen, möglichst wenig abzulehnen in Leben und Kunst (weswegen er als Kritiker
zuweilen dem Vorwurf mangelnder Strenge
nicht entging). Begeisterung als produktive
Kraft: sie galt für Stefan Zweig als wesentlichstes Element, als Essenz dieser unschätzbaren Verhaerenschen Lehre.

Verhaeren

FAZIT DER VORKRIEGSZEIT

So fließen jene Jahre dahin, Wanderjahre, die nach Stefan Zweigs eigenem Worte die »Lehrjahre der anderen« waren. Er hat in diesen Jahren unendlich viel gelesen und gesehn, er ist nicht nur unendlich vielen wichtigen Menschen begegnet, er hat nicht nur das erhabene und erhebende Schauspiel eines großen persönlichen Beispiels genossen: unablässig hat er sich der Einführung ausländischer Dichter in Deutschland, Studien und Vermittlungen zwischen den Völkern gewidmet. Er hat (gemeinsam mit dem Jugendfreund Camill Hoffmann) Baudelaire, dann Lemonnier übersetzt. Er hat die Gestalten Verlaines, Rimbauds, Balzacs, Dickens', William Blakes und ungezählter anderer in Essays geformt, er hat — vor allem und unermüdlich — als erster deutscher Schriftsteller Verhaeren gedient, fast sein ganzes Werk in kongenialer Weise nachgedichtet und in einer großen Biographie das geistig-menschliche Porträt dieses Dichters entworfen. Diese Biographie wird ins Englische, ja selbst ins Französische übersetzt und weist, nun in des Dichters eigenem Sprachgebiet, unter seinen Landsleuten mit Nachdruck auf ihn (nicht anders als ein früher Aufsatz über den Tschechen Otokar Březina, den Zweig, in Böhmen seiner Meinung nach keineswegs nach Gebühr geschätzt, neben die größten

Lyriker der Zeit stellt). Es wirkt sich also voll jenes Bindende, Verbindende aus, das Stefan Zweig selbst einmal das Besondere, das Verpflichtende seiner Natur genannt hat.

Dabei ist — er selbst weiß sich später kaum mehr zu entsinnen, wie — trotz anscheinender Gleichgültigkeit gegen das eigene Werk eine ganze Reihe von Büchern entstanden und erschienen. Dem ersten, knabenhaften Gedichtband ›Silberne Saiten‹ ist ein zweiter, reiferer gefolgt, ›Die frühen Kränze‹, dem Novellenbuch ›Die Liebe der Erika Ewald‹ ein neues, ›Erstes Erlebnis‹, in dem Stefan Zweig sich schon als Psychologe hohen Ranges und als äußerst kultivierter Sprachkünstler erweist. Auch auf dem Theater sind die ersten, prüfenden Schritte schon getan. Der ›Tersites‹, in dem die Rolle des Achilles keinem Geringeren als Matkowsky zugedacht war, geht, infolge Erkrankung dieses großen Darstellers und nach heftigem Kampf mit Berlin, endlich in Dresden mit Paul Wiecke in der Titelrolle in Szene. Das zarte Rokokostück ›Der verwandelte Komödiant‹ ist für Josef Kainz geschrieben, der ihn, allzu früh von qualvollem Tode ereilt, nicht mehr spielen kann: das breslauer Lobetheater führt ihn zuerst auf, und er geht dann über sämtliche deutsche Bühnen. Ein paar Jahre später bringt — damals noch ein Ereignis ersten Ranges für jeden jungen deutschen Dichter — das Burgtheater Zweigs Schauspiel ›Das Haus am Meer‹.

Aber das Wichtigste: diese ganze umfassende Tätigkeit hat Stefan Zweig damals schon innerhalb des deutschen Sprachgebietes zu einer geistigen Persönlichkeit von Ansehen gemacht. Seine Verse finden sich nun schon in allen Anthologien. Man hört auf seine Meinung. Die größten Zeitungen und Revuen stehen seinem Worte offen. Er ist mit vielen maßgebenden Geistern seiner Nation und Europas in Verbindung, und diese Beziehungen sind durchaus nicht bloß literarischer Art. In Paris kennt er die Jungen, die heute zu Bedeutung gelangt sind, wie Charles Louis Philippe, Bazalgette, Duhamel und Romains, aber auch einen Politiker vom Range Jaurès', in Belgien ist er immer wieder im Kreise Verhaerens brüderlich mit einer ganzen Generation von Künstlern und Malern, mit Lemonnier, de Coster, Jammes Ensor beisammen. Mit Ellen Key hat er ein halbes Jahr in Italien verbracht. Busoni, der Norweger Johan Bojer, der Italiener Borgese, Brandes — sie alle sind ihm über die Kluft der Rassen und Nationen hinweg nahe. In Kippenberg hat er einen künstlerischen Weggefährten, im Inselverlag ein publizistisches Unternehmen von Ansehn gefunden, um das nunmehr seine Produktion zentriert ist. Aber doch sieht er dies alles noch nicht als Endgültiges seines Lebens an. Immer ist er noch auf Reisen, immer ›dient‹ er noch. Wesentliches, das er zu sagen hat, hält er ganz bewußt zurück. Immer zielt er in sicherem Vorgefühl auf das Kommende hin. So geht Stefan Zweig seinen entscheidenden Mannesjahren entgegen, so erreicht er sein dreiunddreißigstes Jahr. So tritt er, ahnungslos wie fast alle unter uns, an die Schwelle des Krieges, der großen Prüfung seines Lebens.

POLYPHEM

Das Unfaßbare überrascht ihn in Le Coq, dem kleinen belgischen Seebad nächst Ostende.
Optimismus hatte die jahrelangen Sturmzeichen auf dem Balkan geflissentlich nicht als Vorboten der Katastrophe deuten wollen; selbst der Mord in Sarajewo, selbst das österreichisch-ungarische Ultimatum an Serbien wecken Zweig nicht aus seiner europäischen Zuversicht. Wieder, wie so oft in den letzten Jahren, hat er mit Verhaeren verabredet, den August in Caillou-qui-bique zu verbringen, und ganz knapp vor Kriegsausbruch ist er noch mit den belgischen Freunden Ramah und Crommelynch brüderlich beisammen. So widersinnig und grauenhaft unwahrscheinlich scheint ihm der Gedanke einer deutschen Invasion in Belgien, daß er jenen gegenüber noch zu scherzen vermag: »Ihr könnt mich an diesem Laternpfahl hängen, wenn Deutschland jemals in Belgien einmarschiert.« Und erst ein paar Tage später, als schon die nackten Tatsachen sprechen, als die Kriegserklärungen erfolgen, als kein Zweifel mehr daran bleibt, daß das Grauenhafte, das Unfaßbare Wirklichkeit wird, erst dann flieht er mit dem letzten Zug zurück in die Heimat.
Eine endlose, erregte Fahrt ist das, quer durch Belgien, Deutschland und Österreich.

Zweig findet Wien, das sonst so heitere und sorglose, im Fieber seiner ersten Kriegsbegeisterung. Wird auch er dem allgemeinen Wahnsinn verfallen?
Nein, Haß empfindet er keinen Augenblick in dieser entsetzlichen Zeit, da, wie er später sagt, »Menschen einander Feinde nennen sollten, deren Leben verbunden war mit allen Adern geistiger und freundschaftlicher Vertrautheit«. Nein, was einstmals in allen Nerven und Gedanken freundschaftlich geeint war, Feind zu nennen, — nie, nicht eine Stunde hat er das vermocht. Höchstens daß ihn in jenen ersten Tagen und Wochen das Schauspiel der großen Steigerung des allgemeinen Gefühles über das Alltägliche hinaus, jenes bislang Unerhörte, Abenteuerliche, »die feurige, glühende Luft einer neuen Lebendigkeit« zu stark erfaßt, als daß er jetzt schon die ganze grauenhafte Sinnlosigkeit jener tragischen Welt durchschauen könnte. Noch spricht er damals öffentlich ›Ein Wort von Deutschland‹, das ihn in den politischen Ideologien befangen zeigt. Mit beiden Fäusten, heißt es da, nach rechts und links müsse Deutschland nun zuschlagen, um sich der doppelten Umklammerung seiner Gegner zu entwinden, er preist die »Schwertbrüderschaft« Österreich-Ungarns mit dem Reiche, er spricht von der »bedingungslosen Zuversicht« in diesem Bund, den nicht Blut allein begründe, sondern überdies »des Geistes sinn-

lichste Form, die gemeinsame Sprache« und der darum zum Endsiege führen muß. Aber — wie bezeichnend für Stefan Zweig! —: keinen Augenblick lang äußert er sich als Österreicher, und auch schon für damals gilt sein späteres Wort, daß er, im engen Sinne, weder national empfinden könne noch wolle. Unbewußt vielleicht strebt er nun, Europas, seiner einzig gemäßen geistigen Welt, durch die Übermacht der Ereignisse verlustig, das Erreichbare an: die übernationale deutsche Einheit. Er kennt kein Hüben und Drüben mehr in diesem Belang, ja er fordert geradezu, daß man endlich die kleinliche Unterscheidung fallen lasse zwischen dem österreichischen und dem deutschen Dichter.

Und mitten in jenen heißesten, fieberndsten Tagen wendet er sich noch einmal zurück in die nahe und doch schon so ferne Vergangenheit. Am 19. September 1914 veröffentlicht er im ›Berliner Tageblatt‹ seinen offenen Brief ›An die Freunde in Fremdland‹, der hier zitiert sein möge als erschütterndes, elegisches Denkmal eines auch im gefährlichsten Niedersturze noch großen Herzens:

»Lebt wohl, ihr Lieben, ihr Gefährten vieler brüderlicher Stunden in Frankreich, Belgien und England drüben, wir müssen Abschied nehmen für lange Tage. Kein Wort, kein Brief, kein Gruß, den ich euch jetzt hinübersendete in eure nun feindlichen Städte, käme in eure Hand, und selbst wenn er euch fände, keiner erreichte euer Herz. Mit einem Male sind wir, die wir lang verbunden waren in Freundschaft und gemeinsamer Neigung von einander durch Gewalt gelöst, aber ich beklage es nicht. Denn zum erstenmal würden wir jetzt — tauschten wir auch nur in geschriebenem Worte Rede und Gegenrede — uns nicht mehr verstehen. Wir sind die Gleichen nicht mehr wie vor diesem Krieg, und zwischen unserm Gefühl steht das Geschick unserer Heimat. Ihr seid mir fern in diesen Tagen, seid mir fremd, und keine Sprache, nicht die unsere, nicht die eure vermöchte, daß wir uns nahe würden und vertraut. Lebt wohl, ihr Lieben, lebt wohl, ihr Gefährten!

Bin ich darum undankbar, weil mein Gefühl euch verleugnet in diesen Stunden? Nein, glaubt es nicht, ich habe nichts vergessen, keinen der Abende, wo wir uns ins Auge blickten über den gastlichen Tisch, wo wir Arm in Arm durch träumende Gassen schritten — die vielleicht jetzt knattern von den Salven der Gewehre und niederprasseln im Feuersturz — ich weiß, daß ich Heim hatte in eurem Haus und Bruderrecht in eurem Herzen. Wie schön waren sie, diese Abende, wenn wir uns einer den andern die Namen unserer Dichter lehrten, manchmal ein Buch aufschlugen und uns Verse lasen, wie schön war es, gemeinsam heimatliche Werke erläu-

Szenenbild aus dem »Jeremias« (Zürich)

Foto: Ehrenzweig, Zürich

tern und erklären zu dürfen, oh, wie spürten wir damals, daß Fremdheit der Art durch Liebe und Vertrauen unendliche Befruchtung des Geistes werden kann und ein Gefühl gesteigerter Lebensfülle! Daß deutsch meine Sprache war und französisch die eure, war nur ein schöpferischer Reiz unserer Gemeinschaft, in stetem Vergleichen wurden wir stolz, eigene Werte zu empfinden und die fremden zu bewundern. Fiel eine Zeitung, ein Buch uns in die Hände, das hetzte und die Nationen entzweien wollte, so spotteten wir darüber: unsere Gemeinschaft, so meinte ich, so dachtet ihr damals zu fühlen, sei stärker als alle Entzweiung, und das, was uns verbinde — so dachten wir damals —, sei selbst stärker als das Band der Geburt, die Fessel der Sprache. An diesem Vertrauen wurden unsere Stunden schön und der Begriff der Heimat gelöst von den Grenzen der Reiche: unsere Brüderlichkeit war stark über die Sprachen und rein jenseits aller Anfechtung.

Das ist nun vorbei, ihr Lieben, vorbei, so lange Brüder meiner Sprache und der euren in Waffen sind und es jene Gemeinsamkeiten gilt, deren Gewalt erst die Gefahr uns offenbart. Ich habe nicht vergessen, was ihr mir wart und zutiefst noch seid, aber ich bin in diesen Tagen nicht der Gleiche, der mit euch saß, mein Wesen ist gleichsam umgewandt und das, was in mir deutsch ist, überflutet mein ganzes Empfinden. Noch vermöchte ich, euch gerecht zu sein, aber ich finde den Willen nicht mehr, gerecht zu sein. Heute ist das Maß verwandelt und jeder Mensch nur wahr durch Gemeinsamkeit mit seiner Nation. Meine eigene Sache ist jetzt nicht mehr, ich kenne keine Freundschaft, ich darf keine kennen, als die des ganzen Volkes, meine Liebe und mein Haß gehören mir nicht mehr zu. Und ich bin nur dann ganz wahr, wenn ich euch einzelne verleugne... Ich muß vergessen, was ich von euch empfing, um besser fühlen zu können, was alle anderen deutschen Leute empfinden. Nicht euch muß ich verleugnen und die Liebe zu euch, sondern mich selbst, jeden einzelnen Gedanken knicken, der nicht aufschießt in der großen deutschen Saat.

Erwartet darum nicht, daß ich heute für euch spreche, daß ich sage, Belgiens Menschen sind nicht Meuchelmörder und Schänder von Verwundeten, die solche Taten tun, gehören in jene Unterschicht, die in jeder Masse den trüben Bodensatz bilden und von den Ereignissen emporgeschüttelt das Bild einer ganzen Nation trüben. Daß ich sage, Frankreich ist friedlich und nur verleitet, und nicht jeder Engländer sei perfid und pharisäisch, daß ich etwas tue, mich mit Worten jener Welle von Zorn entgegenzuwerfen, die Deutschland heute gegen seine

Bedränger schleudert. Ich weiß, es wäre gerecht, dies laut zu sagen, und weiß, wie schön es ist, auch in der Leidenschaft gerecht zu sein. Aber für die Schönheit ist heute kein Raum in der Zeit, nichts gilt als die Schönheit der Tat und ihre anderen Tugenden: Mut, Entschlossenheit, Zuversicht. Wer noch nicht mitkämpft, darf den anderen zumindest nicht in die Waffen fallen, nicht die Mahnung der Menschlichkeit gegen einen schleudern, dessen Zorn und Todesmut ein anderes und wahrhaft nicht geringeres Gesetz hat, als dem Betrachter gemäß ist. Der Soldat darf im Augenblick, wo er den Hahn abdrückt, nicht daran denken, daß sein Gegner den Krieg nicht gewollt habe und heimwärts Frau und Kinder seiner Rückkunft harren, und so darf eine ganze Nation nicht zögern, mit ihrem ganzen innern Lebenswillen eine andere so lange zu hassen, als sie ihren Daseinssinn bedroht. Und diesen Haß gegen euch — obzwar ich ihn nicht empfinde — ich will ihn doch nicht mäßigen, weil er Siege zeugt und heldische Kraft. Jetzt ist keine Zeit zu einzelnen Feststellungen, zu persönlichen Gerechtigkeiten. Erwartet darum nicht, ich würde, so sehr ich mich euch verpflichtet fühle, euer Anwalt sein! Ehret mein Schweigen, wie ich das eure ehre, wie ich selbst schweigen würde, wenn ihr euer Volk gegen Deutschland aufriefet. Was wir persönlich einander danken, hat keiner jetzt zu verrechnen. Jetzt geht es ums Ganze, und die Völker zahlen nicht mit Worten, sondern mit Waffen: lassen wir jetzt unsere kleine Gerechtigkeit der Worte und opfern wir unsere persönliche Freundschaft der höheren Gemeinschaft, deren Schicksal jetzt gestaltet wird.

Aber glaubt nicht darum, ihr Lieben, es sei mir leicht, dieses Schweigen! Ich muß die Zähne zusammenbeißen, wenn ich lese, daß die Bomben niedersausen auf Lüttich — vielleicht in das gleiche Haus, wo wir oft gemeinsam saßen —, und daß Löwen zum Teil zerstört ist, scheint mir wie ein Verlust in meinem Leben. Ich lese, daß deutsche Flieger in die Rue Vivienne in Paris eine Bombe warfen: dort habe ich gewohnt, ich muß an den freundlichen Wirt an der Ecke denken, mit dem ich täglich herzliche Worte tauschte, an sein kleines Mädchen, das immer von mir die fremden Briefmarken erbat, und ich leide an dem Gedanken, an dem Bild meiner Phantasie, wie die Armen totenbleich von den zerschmetterten Scheiben zurückflüchteten. Aber wie kläglich ist doch wiederum dies mein Leiden, gemessen an dem ungeheuren der Tausende, die, jung, lebensfroh und kühn vor Tagen noch, nun mit zerfetzten, verstümmelten Gliedern in den Lazaretten liegen! Kläglich dünkte ich mir selbst, wollte ich etwas, das mich allein bedrückt, jetzt Wort, jetzt Schrei werden lassen. Und nicht wahr, ihr Freunde, ihr fühlt nicht anders als ich? Ihr versteht mich auch in meinem Fernesein, in meiner schmerzhaften Fremdheit zu euch! Ihr wißt — oh, ihr wißt es, denn gemeinsam haben wir sie bewundert — wie sehr ich den Rubens liebe in der Kirche zu Mecheln und jeden Stein von Paris, jede Straße und jedes Haus. Aber ich darf nicht rufen: rührt nicht an Ewiges der Kunst, denn auch das, was Deutschland heute tut, ist für alle Ewigkeit. Deutschland dichtet sich heute in ehernen Strophen ein Heldenlied, und seine Schlachten sind nicht geringer als alle Taten der Einzelnen. Auch eine Nation und ihre Einheit ist ein Kunstwerk, trächtig von unendlichen Kräften, und kein Bild, keine Musik kann unser Herz so erheben, wie der Anblick dieses Landes in der Stunde seiner höchsten Schönheit. Aber hier, ihr Freunde, ich fühle es, hier ist die Grenze, hier verstehen wir uns nicht mehr, dies ist etwas, was man nur mit dem Blut erleben kann und nicht mit den Sinnen allein. Aber ihr erlebt es vielleicht drüben ebenso — nur ist ein Hüben und Drüben nun zwischen uns allen, über das wir nicht hinwegkönnen. Zu nah, um uns jemals zu hassen, und doch in dieser Stunde zu fern, um uns so voll zu verstehen wie einst, wollen wir nicht Rede und Gegenrede tauschen. Das Schweigen wahre uns unsere Freundschaft!

Lebt darum wohl, ihr Lieben, ihr Gefährten vieler brüderlicher Stunden in Frankreich, Belgien und England, wir müssen Abschied nehmen für lange Tage! Unsere Freundschaft ist vergeblich, solange unsere Völker in Waffen sind, aber sie wird zwiefach wertvoll nach jenem großen Ringen. Denn dann wird statt jenes heiligen Zornes viel kleine Bitterkeit, viel niederer Groll, viel erbärmliche Gehässigkeit in der Welt sein, dann wollen wir unser Samariterwerk beginnen, die Wunden zu heilen, die unsere Brüder geschlagen haben. Wir wollen versuchen, soweit unsere Kräfte reichen, unsere menschliche Freundschaft vorbildlich zu machen für eine der Völker.

Dann kann das Wort, die Rede wieder stark werden — zur Zeit der Taten ziemt uns das Schweigen. Vergeßt mich nicht, um der Pflichten willen, die wir dann zu erfüllen haben, so wie ich euch treu bin, mehr als ich es zeigen darf. Lebt wohl, ihr Lieben, lebt wohl, ihr Gefährten in Fremdland, lebt wohl, lebt wohl!«

Nur wer den Wahnsinn jener Tage, der nie zu vergessenden und doch allzu rasch vergessenen, schaudernd miterlebt hat, kann voll ermessen, was dieser Brief in seiner edlen Mäßigung, mit seinem frühen Blick in die kommenden Zeiten unerläßlicher Versöhnung, mitten im kriegführenden Lande geschrieben und an die Öffentlichkeit dahingegeben, bedeutet. Genau in dem Augenblick, da das allgemeine Kriegsgebrüll begann, da tausend Dichter in abertausend Strophen auf dem ganzen Kontinent den europäischen Brudermord als höchste sittliche Leistung des Jahrhunderts priesen, als sie blindwütig blutrünstige Manifeste unterschrieben, als die Besten unter ihnen schwiegen, genau in jenem Augenblick schrieb Stefan Zweig diesen Brief.

Kaum vorstellbar heute, wie dabei jedes Wort abgewogen werden mußte, um vor dem Späherblick des Zensors in Gnade zu bestehen. Und doch bleibt die allgemeine Entrüstung der Patrioten natürlich nicht aus. Aber eines Tages dann kommt als Echo dieses offenen Briefes eine Karte aus Genf: Romain Rolland knüpft die unterbrochene Beziehung zu Stefan Zweig wieder an und schickt ihm einen Aufsatz ›Au dessus de la mêlée‹, der eben im ›Journal de Genève‹ erschienen war und einen Hinweis auf ein Gespräch enthielt, das Rolland und Zweig bei ihrem letzten Zusammensein ein paar Wochen vor Kriegsausbruch in Paris geführt hatten. Von da ab ist die Verbindung hergestellt. Die Korrespondenz wird über die Zensur hinweg mit äußerster Vorsicht weitergeführt.

Sein persönlicher Niedersturz, Stefan Zweig spürt es nun mehr und mehr, ist entsetzlich. »Alle meine untersten Wesenswurzeln«, so schreibt er später von dieser Zeit, »fühlte ich gewaltsam angerissen und griff mit einemmal taumelnd ins Leere.« Er, dem von seinen Vätern her der Wandertrieb im Blute kreist, fühlt sich nun plötzlich festgehalten, gebunden. Der freizügig Schweifende stößt überall an starre Grenzen, der Sohn einer Stadt, die bislang Schmelztiegel der Rassen gewesen, eines Landes, das die Nationen verband und daher nicht Krieg führen konnte, ohne seine eigene Idee aufzuheben, sah, wie dieser Krieg — Polyphem nennt er ihn später, 1917, anklägerisch in einem Gedicht — sich mühsam hinzuschleppen beginnt durch die Zeit, wie der erste ekstatische Impetus der Kämpfenden mählich erlahmt, wie unsägliche seelische Qual und leibliche Not die Zuversicht der Daheimgebliebenen, des Hinterlandes zu zernagen beginnen, wie schmutzigstes Geschäft sich hyänenhaft und ohne Scham auf den Leichenfeldern breitmacht. Dabei hört er den unablässigen, widerlichen Schlachtruf der Unentwegten, die frech die andern vorhetzen in Tod und Blut, um selbst sich ihr elendes Quäntchen leiblichen Lebens zu retten. Und letzte, entscheidende Qual: er erlebt es, wie die besten, die vertrautesten Menschen in ihrer Gesinnung schwankend werden, mit sich selbst zerfallen. Er muß, untätig und von fern, den tragischen Bankerott Verhaerens mitansehn. Selbst dieser Große, der die deutsche Kraft, die deutsche Idee stets so unendlich geliebt hatte, unterliegt dem Wahne. Da grausamster Krieg sein Land überzieht und Belgiens Städte als brennende Trümmerhaufen zum Himmel auflodern, predigt er, Flüchtling erst in England, dann in Paris und auch im Negativen nun ekstatisch, eruptiv über sich selbst hinausstrebend, dämonischen Haß. Jämmerlich wird dieser herrliche, verwegene, überhebliche Optimismus, dieser bewundernde Glaube an das neuzeitliche Europa, diese unbedingte Weltliebe durch die Ereignisse mit einem Schlag zerstört, das »geistige Sternbild« der Zweigschen Jugend durch den undurchdringlichen Blutdampf verdunkelt.

Dabei hat Zweig, an dem Schicksal so vieler andrer gemessen, im Persönlichen, äußerlich wenigstens, Glück. Er hat nie ›gedient‹, er entgeht der Gefahr, die Waffen tragen zu müssen, die er, nach seinem eigenen Zeugnis, übrigens nie genommen hätte. Das, was er später den »befohlenen Mord« genannt hat, mutet das Schicksal diesem körperlich Zarten, Feinnervigen nicht zu. Bloß ein militärisches Hilfsamt in Wien fordert ihn — vielen seiner schriftstellerischen Schicksalsgenossen ersehntes Asyl —, bloß zur Glorifizierung der Taten Einzelner (in denen er rückhaltlos die meist unfreiwilligen Helden bewundert) mißbraucht ein literarisch ehrgeiziger Vorgesetzter sein dichterisches Talent, bloß in der Etappe erlebt er, auf einer kurzen Dienstreise durch Galizien, diesen »Kreuzweg der Leiden«, den wirklichen Krieg. Aber auch in dieser bescheidensten militärischen Betätigung streut er Friedenssaat aus, wo er nur kann, immer sieht und betont er die brüderlichen Momente auch hier von Mensch zu Mensch, die versöhnlichen Symptome von Rasse zu Rasse, von Land zu Land im Gesamtbild der allgemeinen Zerstörung.

Aber wie leidet er unter diesem verhältnismäßig so linden Zwang! Er, der tief in sich immer noch der freie Weltbürger ist, dem Europa trotz allem, und nun inbrünstiger geliebt als je, einziger organischer Körper seines geistigen Kosmos sein kann, wie peinigt ihn des »Dienstes immer gleichgestellte Uhr«! Sein Ideal war von je der Staat, »den man am wenigsten spürt, dem Freiheit, Freizügigkeit, Freiwahl und Freileben das Wichtigste seiner Bürger ist«, kurz jener, der die individuelle Freiheit des Willens gewährleistet, in der Zweig die Quelle aller Kraft sieht. Nun überträgt er sein ›Gefängnisgefühl‹ beim Militär auf das ganze Land. Uniform wird für ihn »eine bunte, sinnlose Tracht«, die Grenze eine tragische Schranke, der Krieg ein grauenhaftes Verließ.

In dieser Krise gilt nur eines: möglichst tief in sich hinein zu horchen, sich des Besten in sich selbst zu besinnen, die Entscheidung innerhalb des eigenen Herzens zu treffen.

Ja nun, im Zeichen der Prüfung, fällt zum erstenmal alles Spielerische von ihm ab. Was er von Verhaeren in all jenen Jahren des Friedens gelernt, trägt in seiner eigenen Existenz zum erstenmal reife Frucht. Zum erstenmal legt er bewußt den Akzent auf alles Tiefste, Wertvollste seines Wesens. Er hat erkannt, er weiß, daß Kunst dem Manne im letzten Sinne ein Kampf ist, daß der Künstler verantwortlich sein und sich so empfinden muß, daß er die Pflicht hat, »das ganze Leben gewissermaßen als eine ungeheure Schuld zu betrachten, die man mit allen Kräften abzuzahlen sich bemühen muß, seine jeweilige irdische Aufgabe in ihrer ganzen umspannenden Bedeutung, Wichtigkeit und Peripherie zu überschauen und dann seine eigenen innerlichen Möglichkeiten und Fähigkeiten zu ihrer vollkommenen Bewältigung zu erheben«. Und er weiß nun auch, daß »die letzte Schöpfung der Kunst von je Umwandlung des Unbewußten in Bewußtheit war, die Erkenntnis ihrer Gesetze«, daß ihr Weg »vom Wirklichen zum Überwirklichen, zum Glauben und zur Religiosität gehe«, daß keine Erkenntnis des Zeitgenössischen fruchtbar sei, »wenn sie nicht gesättigt ist mit der Erkenntnis der zeitlosen Gesetze, wenn die wechselnden Erscheinungen nicht als Wandlung erkannt sind vom unveränderlichen Urphänomene«. All dies hat Zweig vom Umgang mit Verhaeren gelernt, und nun, in der entscheidenden Stunde, wird es ihm dienstbar.

Denn nur aus solch hoher, ethischer Einstellung vermag er sein großes dramatisches Gedicht, den ›Jeremias‹, zu schaffen, von dem er selbst stolz-bescheiden sagen darf, daß er, 1916 geschrieben, in Deutschland als erster tragischer Protest sich gegen das Unvermeidliche erhob. Hier greift Zweig, nach seinem eigenen Wort, zum erstenmal ganz in seine Wirklichkeit hinein, und auch der Gegenruf von Oben bleibt nicht aus: wenn er in diesem jüdischen Drama symbolisch alle lebendige Qual der durchlittenen Kriegsjahre formt, äußert sich in seinem Wort zugleich zum erstenmal der Gott seiner Väter. Freilich, es horcht die Zeit damals nicht nach Gebühr auf dieses Wort; von der Zensur geknebelt, kann es nur im neutralen Zürich seine mahnende Klage erheben. »Aber wenn nicht der Zeit,« sagt der Dichter im Rückblick in jene Tage, »so hatte ich mir selbst geholfen, zum erstenmal waren alle Saiten meines Wesens vehement in Schwingung gekommen und das lässig Spielende der zufälligen Gestaltung endlich in Leidenschaft verwandelt.«

Während der militärischen Freistunden in einem kleinen Landhaus in Kalksburg bei Wien wurde der ›Jeremias‹ geschaffen, und eine außerordentliche Frau, die dem Dichter fortab Gefährtin sein sollte, ist des Werkes geistige Patin. Leise erinnert das Porträt der Malersfrau in der Erzählung ›Zwang‹ an ihr Bildnis; immer, wenn Stefan Zweig unter dem Druck der Außenwelt schwankend zu werden droht, ist es ihre Hilfsbereitschaft, die ihn stützt, unerbittlich zwingt sie ihn, bis ins Letzte aufrichtig gegen sich selbst zu sein und Polyphem immer leidenschaftsloser in das gräßliche Antlitz zu blicken. Echte Frau, die sie ist, geht ihr Fühlen »noch geradeaus«. Sie ist nicht »verderbt von Ideologien«. Sie durchschaut die Phrasen. »Dies alles, was eine Menschheit jetzt das Ungeheure nennt«, sagt jene Malersfrau Paula zu Ferdinand, ihrem Gatten, mit Bezug auf den Krieg, »besteht aus zehn Menschen voll Willen in allen Ländern, und zehn Menschen können es wieder zerstören... Ich weiß auch, was Vaterland bedeutet, aber ich weiß, was es heute ist: Mord und Sklaverei. Man kann seinem Volke gehören, aber wenn die Völker wahnsinnig geworden sind, muß man es nicht mit ihnen sein... Ich erkenne kein Gesetz an, das im Mord endet.«

Wie weit war Stefan Zweig nun schon entfernt von den ersten Tagen der Katastrophe, »da der Krieg von uns alles nahm, Gefühl, Staunen, Bewunderung, Leidenschaft, Hingebung, Ekstase, alle unsere lebendigen

Kräfte selbstherrlich an sich riß«. Aber daß er so rasch dahin kam, war mehr Schickung als persönliches Verdienst: Wer die Welt kannte wie er, der konnte der Zeitungslüge nicht lange verfallen. Die Wanderjahre hatten seinen Blick geweitet, ganz organisch war seine Haltung bedingt. Er war zutiefst, das heißt dem Wesen und Willen nach, Europäer und mußte es bleiben. Und so bricht er denn 1916 schon das Wort, das er knapp zwei Jahre zuvor den »Freunden in Fremdland« beschwörend zugerufen hatte. Obwohl das Geschick ihrer und seiner Heimat noch nicht entschieden ist, obwohl immer noch Brüder seiner Sprache und der ihren in Waffen sind, und obwohl für Millionen immer noch jene Gemeinsamkeit gilt, deren Gewalt erst die Gefahr offenbarte, scheint es ihm nun doch nicht mehr, daß in der Zeit der Taten immer noch das Schweigen zieme. Im Frühling jenes Jahres veröffentlicht er in der von Charles Baudouin in Genf begründeten Monatsschrift ›Le Carmel‹ (anknüpfend an ein Bild Verhaerens, der das geeinte Europa einst, vor dem Krieg, ein ›Babel réalisé‹ genannt hatte) seinen Aufsatz ›Der Turm zu Babel‹, in dem er die Einigkeit des Geistes als höchstes Bekenntnis in die Zeit fordert und das entscheidende Wort spricht: »Wir müssen doch wieder an den Bau zurück, jeder an die Stelle, wo er ihn verließ in dem Augenblick der Verwirrung.« Langsam reift so, organisch, der Entschluß zur offenen Auflehnung gegen den Krieg, und schon steigt die kommende Stunde mählich herauf, da Zweig ihm dann die leidenschaftliche Drohung zurufen sollte:

> »Aber hüte dich, Polyphem!
> Es brennen heimlich
> Die Feuer der Rache
> In unseren Seelen ...
> Und aus der Höhle des Bluts und
> des Grauens
> Schreiten
> Wir, Brüder der Völker, Brüder
> der Zeiten,
> Über deine stinkende Leiche
> In die ewigen Himmel der Welt.«

Romain Rolland und Hermann Bahr
im Garten des Zweigschen Hauses
in Salzburg

ROMAIN ROLLAND

Drei Jahre ist Stefan Zweig nun schon in seiner europäischen Gesinnung so gut wie vereinsamt. Die wenigen aufrechten Freunde grüßen nur »durch unsichtbare Lichtsignale über die Fronten«. Verhaeren, der sich allmählich wieder des Menschen besinnt, der er vor dem Krieg gewesen, gibt nach dem Erscheinen von ›Der Turm zu Babel‹ plötzlich durch einen gemeinsamen schweizer Bekannten die Botschaft seiner innigen Zustimmung. Letzte Freude ist das, versöhnender Ausklang jener seltenen Freundschaft. Wie sehr hatte Stefan Zweig an Verhaerens Deutschenhaß, an seinen maßlosen Kriegsbüchern gelitten, aber wie sehr auch den großen Freund selbst noch in dieser seiner Verirrung geachtet! Als Verhaeren bald danach, Opfer eines tragischen Unfalls, stirbt, spricht Zweig es in seinen ›Erinnerungen‹ an ihn bündig aus: »Manche haben mich damals (1914) gedrängt, Zeugnis und Gegenzeugnis vorzuholen, aber in diesem Jahre habe ich es gelernt, in einer Welt von Gedrückten und Geknechteten mit verbissenen Zähnen zu schweigen. Nie hat mich und nie wird mich jemand dazu vermögen, den Richter oder den Tadler zu spielen über Einen, der mir Meister war und dessen Schmerz ich selbst in seinem wildesten und widerwärtigsten Ausbruch als einen gerechten und aufrichtigen verehren mußte.«

So unersetzlich der Verlust ist, Stefan Zweig bleibt auch in diesen schweren Tagen nicht ohne Vorbild. Auch in diesen dunkelsten Jahren fehlt es ihm nicht an einem großen Freund, an einem Führer, der ihm Beispiel ist und zu dem er aufblicken kann. Verhaeren ist ihm genommen, aber es bleibt ihm Romain Rolland.

Auch Rolland gegenüber hat sich wieder die unfehlbare Zweigsche Witterung des Wesentlichen, jeden wahren Wertes glänzend erwiesen. Denn schon als Rolland noch völlig unbekannt war, als es ihm an Publikum, an äußeren Möglichkeiten der Wirkung, fast an jeglicher Resonanz gefehlt, während seines ganzen beispiellos geduldigen Aufstieges durch all jene Jahre der Enttäuschung und Prüfung, einer gleichgültigen, satten Zeit zum Trotz, schon damals stand Stefan Zweig in unverbrüchlicher Treue zu ihm, schon damals vertraute er gläubig dem Rollandschen Stern. Und als dann, 1912, der ›Johann Christof‹ nach beinahe fünfzehnjähriger Arbeit beendet ist, als der Ruhm, auch hier gleichsam über Nacht, Rolland emporreißt auf den Gipfel europäischer Verehrung, da ist es wieder Stefan Zweig, der diesen Ruhm als einer der ersten in Deutschland frenetisch grüßt. Begeistert preist er des Freundes großes, völkerversöhnendes Buch, diese einzigartige moderne europäische Epopöe, als ethisches Ereignis, als »Kunstwerk der moralischen Tat«. Eindeutig hebt er den »unschätzbaren menschlichen Wert« dieses Dichters hervor, der für die meisten damals immer noch nur ein französischer Romancier ist unter andern.

Es besteht somit eine gewisse Analogie in den Zweigschen Beziehungen zu Verhaeren und zu Rolland. Aber auch zwischen diesen beiden Männern selbst, die am stärksten auf Stefan Zweigs menschlich-künstlerische Entwicklung eingewirkt haben und ihrerseits längst miteinander befreundet waren, ließe sich in mancher Hinsicht eine interessante Parallele ziehen. Ein paar Andeutungen bloß: beider Werk zielt auf das Europäische ab, beider Wirken wächst aus dem ebenso fanatischen wie planhaften Willen zum Weltbürgertum empor, in beiden decken sich Leben und Leistung, beider Dichtung strebt zur großen Form, zum Zyklischen hin, beide haben jene schrankenlose Begeisterungsfähigkeit, die Stefan Zweig ihnen verdankt, beide stehen abseits vom literarischen Markt, von der ›Foire sur la place‹, beider Ruhm kommt spät, erst um das fünfzigste Jahr. Aber dann doch wieder der große, entscheidende Kontrast: Wie verschieden stellen sie sich zum Kriege!

Freilich hat Rolland es fast in jeder Hinsicht leichter als Verhaeren. Sein heimatliches Burgund ist nicht Flandern, wohlbehütet liegt es in Frankreichs Herzen, während Polyphem

Belgien durchtobt. Überdies ist Rolland bei Kriegsausbruch in freiem Land, in der Schweiz, am Genfersee in Vevey. Aber welchen Heroismus bedeutet es trotz alledem, sich gegen eine Welt des Hasses hüben und drüben in unbedingter Gerechtigkeit über das Schlachtgetümmel zu erheben! Stefan Zweig verfolgt, über die versperrte Grenze spähend, dieses erhabene Schauspiel vom ersten Tage an. Gewiß, nie hatte sich Rolland zu dionysisch-trunkenem europäischen Optimismus bekannt, wie etwa Verhaeren, stets hatte er, lange vor 1914 schon, seine warnende Stimme erhoben in die Zeit, er hatte das Schreckensjahr im ›Johann Christof‹ verkündet. Aber nun gilt es eben die Entscheidung, nun muß er, »um das Bekenntnis wahr zu machen, noch etwas hinzufügen: sich selbst«. Er muß »die heilige Flamme hüten; er muß, was sein Held prophetisch verkündigte, lebendig erstehen lassen durch die Tat«.

Und wie erfüllt er diese seine Mission! Er, der den europäischen Krieg — wir sagten es schon — wissend als den Abgrund gesehen, dem die wilde Jagd der letzten Jahrzehnte, jede Warnung überrasend, zustürmte, er, dessen ganzes Werk wesentlich der Vermeidung dieses Krieges gegolten hatte, nun blickt er ihm mit seinem alles durchdringenden klaren blauen Auge in die abscheuliche Fratze. Und er nimmt ihn sogleich als ein

Gegebenes hin, er erkennt in ihm, wie er sich einmal zu Verhaeren äußert, eine gigantische »Konvulsion der Natur«. Er bekämpft nicht ihn, — das zu tun, er weiß es, wäre sinnlos. Was er bekämpft, sind des Krieges heuchlerische Ideologien.

Von jeher hatte er inneren Anschluß an alle großen Geister aller Zeiten, an Shakespeare, Mozart, Beethoven, an Spinoza, Renan und Tolstoi gesucht und gefunden, persönlich lebte er längst in einer Sphäre, wo Nationen und Sprachen gleichgültig werden, wo man, nach einem Worte Goethes, »das Schicksal fremder Nationen wie sein eigenes empfindet«. Es gab für ihn seit je nichts Höheres als die Freiheit des Geistes: mit was für grenzenlosem Grauen sieht daher gerade er die Verwirrungen der geistigen Welt! Denn »nie zuvor in der Geschichte«, schreibt Stefan Zweig in seiner Rolland-Biographie, »hatte die Gehässigkeit so breite Schichten ergriffen, nie hatte sie bestialischer unter den Intellektuellen — diesen Treibern und Fabrikanten der Lüge — gewütet, nie war aus so vielen Brunnen und Röhren des Geistes, aus den Kanälen der Zeitungen, den Retorten der Gelehrten so viel Öl ins Feuer gegossen worden ... Zum erstenmal wird die Wissenschaft, die Dichtung, die Kunst, die Philosophie dem Krieg ebenso hörig gemacht wie die Technik; auf Kanzeln und Kathedern, in den Forschungssälen und Laboratorien, in den Redaktionen und Dichterstuben wird nach einem einzigen unsichtbaren System nur Haß erzeugt und verbreitet... Jedes Land, jedes Volk hat begeisterte Sprecher, die auch die unsinnigste seiner Taten blindlings zu rechtfertigen bereit sind, die seine Irrtümer, seine Verbrechen hinter rasch konstruierten moralischen und metaphysischen Notwendigkeiten gehorsam verbergen — nur ein Land, das allen gemeinsame, das Mutterland aller Vaterländer, das heilige Europa hat keinen Sprecher, keinen Vertreter. Nur eine Idee, die selbstverständlichste einer christlichen Welt, bleibt ohne Anwalt, die Idee der Ideen, die der Menschlichkeit.« Und hier setzt — Stefan Zweig erkennt es bewundernd — inmitten des furchtbaren Gemetzels Rollands Wirksamkeit ein. Bewußt knüpft er an die europäische Haltung der Humanisten, an das übernationale Empfinden Rousseaus, Herders, Voltaires, Goethes und so vieler anderer Großen in Kriegszeiten an. Von den führenden Intellektuellen, Forschern, Dichtern, fordert er geistige Solidarität, gemeinsamen Kampf gegen jede Ungerechtigkeit im Sinne der in allen Ländern geknebelten und geknechteten Wahrheit. Wie einst Tolstoi, sein großes Vorbild von Jugend auf, inmitten eines Krieges in seinem Vaterlande sich erhoben hatte, um die Rechte der Menschen gegen die Menschheit zu verteidigen, so schnellt sich Rolland, von seinem Schicksal zwischen die Völker gestellt, in den Kampf für die letzte Freiheit der Welt: die Freiheit des Geistes.

Nach beiden Seiten streckt er die Hände den Kriegführenden hin, schon jetzt zur Versöhnung. »Ich bin erfüllt von Haß«, ruft 1914 Verhaeren aus England ihm zu. Und obwohl Rolland ihn, der alles verloren hat, in der Leidenschaft des Schmerzes begreift, mahnt er ihn doch unablässig: »Nein, hassen Sie nicht!« Gleichzeitig wendet er sich, in ähnlichem Sinne, an Gerhart Hauptmann. Denn nun hat der Dichter Rolland schon klar seine kriegerische Aufgabe erkannt, und ihr dienen die Zeitungsaufsätze jener Zeit, die, nach dem Worte Zweigs »die Intensität der Ideen, die Freiheit ihrer Meinung, die Autorität seines Namens« zu Manifesten macht, »die Europa überfliegen und einen geistigen Waldbrand entzünden, hier furchtbare Explosionen des Hasses herbeiführend, dort hell hinableuchtend in die Tiefen freier Gewissen, immer aber Wärme, Erregung in den polarsten Formen der Entrüstung und Begeisterung erzeugend«. Diese, Rollands geistige Aufgabe besteht zutiefst darin, »im Krieg das zu bekämpfen, was die Leidenschaften der Menschen wissend dem Entsetzlichen hinzutun, die geistige Vergiftung der Waffen«. »Denn das Furchtbarste gerade dieses Krieges,« — das weiß nun auch

Stefan Zweig — »das, was ihn so von allen früheren unterscheidet, ist seine bewußte Vergeistigung, der Versuch, ein Geschehnis, das vergangene Zeiten einfach als naturhaftes Verhängnis wie Pest und Seuche hinnehmen, heroisch in eine ›große Zeit‹ zu verklären, der Gewalt eine Moral, der Vernichtung eine Ethik zu unterstellen, einen Massenkampf der Völker gleichzeitig in einen Massenhaß der Individuen zu steigern.« Hier will Rolland eingreifen. Er versucht, in der Schweiz einen Kongreß der Geistigen zu organisieren und dafür Männer wie Gerhart Hauptmann und Bernhard Shaw zu gewinnen, ja, Stefan Zweig fragt in Rollands Namen in diesem Sinne bei Walther Rathenau an. Aber der Plan wird an den heute kaum mehr ausdenkbaren Schwierigkeiten der Zeit zu Schanden.
So sieht sich der Jüngere und noch Unbelehrtere an dem Beispiel des großen Freundes in der eigenen Überzeugung bestärkt, daß es einen Heroismus des Geistes gibt neben dem des Blutes, er erkennt, daß Pazifismus — der so vielfach mißverstandene, belächelte und verhöhnte — nicht nur Friedensfreundschaft ist, sondern »wirkender Wille zum Frieden«, nicht bloß Neigung zur Ruhe und Behaglichkeit, sondern Kampf, und wie jeder Kampf in der Stunde der Gefahr Aufopferung. Zweig hat im Anblick Romain Rollands das wunderbare Erlebnis

»eines freien, wachen, menschlichen Menschen« inmitten des »Wahns der trunken getriebenen Massen«, eines Menschen, der seit Kriegsausbruch ganz eines ist mit seiner Idee, mit ihrem Kampf, der nicht mehr Schriftsteller, Dichter, Künstler, nicht mehr Eigenwert ist, sondern die »Stimme Europas in seiner Qual«, das »Gewissen der Welt.«

SCHWEIZ

»Zwei Monate lang ertrug er es noch,« heißt es in Stefan Zweigs Novelle ›Zwang‹ vom Maler Ferdinand R., »in dieser Stickluft der patriotischen Phrasen zu leben, aber allmählich ward ihm der Atem zu eng, und wenn die Menschen um ihn die Lippen auftaten zur Rede, meinte er das Gelbe der Lüge auf ihrer Zunge zu sehn. Was sie sprachen, widerte ihn an. Der Anblick der frierenden Frauen, die mit ihren leeren Kartoffelsäcken im Morgendämmer auf den Stufen des Marktes saßen, preßte ihm die Seele entzwei: mit geballten Fäusten schlich er umher und fühlte, wie er böse und gehässig wurde, sich selbst widerwärtig in seiner ohnmächtigen Wut. Endlich war es ihm dank einer Fürsprache gelungen, mit seiner Frau in die Schweiz herüberzukommen: als er die Grenze überschritt, sprang ihm plötzlich das Blut in die Wangen. Er mußte sich an den Pfosten festhalten, so taumelte er. Mensch, Leben, Tat, Wille, Kraft, fühlte er sich zum erstenmal wieder.«
Wer immer während des Krieges in ein neutrales Land reiste, dem erging es genau wie jenem Maler Ferdinand R.: Zu groß war der Kontrast zwischen solchem Hüben und Drüben. Dort »wurde einem der Wille aus dem Leib getan wie dem Tier seine Eingeweide, man mußte fremden Menschen ge-

horchen, und fremden Menschen, andern wieder, ein Messer in die Brust rennen«. Hier jedoch »durfte man noch leben, atmen, frei sprechen, nach seinem Willen tun, ernstem Werk dienen«. Es war ein Gefühl der Erlösung, bloß jenem der Kindheit nach glücklich bestandener Prüfung vergleichbar.
Im Herbst 1917 endlich ist die bevorstehende schweizer Uraufführung des ›Jeremias‹ — des ersten Kriegsdramas, das (im Februar 1918) öffentlich gespielt wird — für Stefan Zweig willkommener Anlaß, Urlaub vom längst als zwecklos erkannten militärischen Kanzleidienst zu nehmen und nach Zürich zu gehn, wo er später den Posten eines Korrespondenten einer Zeitung versieht. Vorerst regt er sich äußerlich im Rausch der neugewonnenen Freiheit, des »höchsten, des seligsten Gefühls der Erde«. Das Band des Gehorsams und der Beengung ist zerrissen. Er ist in Zürich, er reist in die französische Schweiz zu Romain Rolland nach Villeneuve, ja er verbringt ein paar Wintertage in den Bergen bei den ›Sorglosen‹, den letzten Genießenden, »dieser aussterbenden Gemeinschaft unserer Welt«. Ach, wie weit sind hier »die tragischen Vorstädte Europas mit ihren nächtlichen Larven von Frauen und grauen Schatten von Kindern«. Und er präzisiert den Konflikt: »Zwischen zwei Wellen schaukelt das Herz. Der Mensch in uns, der

brüderlich aufgetane, mahnt: birg dich, verbirg dich, tu Trauer für das unendliche Blut! Und das Leben in uns, das ewig teilnahmslose, das nur sich selbst will und seine erlesenste, kostbarste Blüte, die Freude, es lockt: bleib ganz in dir, bleib froh, deine Trauer wird es nicht ändern. Der Mensch in uns sagt: zahl' freiwillig deine Schuld an die fremde Not, leide mit alles Leiden, versag dir die Freude! Und das Leben befiehlt: gib dich hin an jede Freude, sie ist deiner Seele Brot und Blut. Der Mensch in uns sagt: nur durch Trauer lebst du wahrhaft die Zeit, fühlst du den Krieg. Aber das Leben spricht: nur durch Freude erlöst du dich von der Zeit, besiegst du den Krieg.«
Wichtiger jedoch als die schweizer Landschaften und Städte mit ihrer Staffage von Genießenden, Spionen und Provokateuren aus aller Welt sind ihm, vom ersten Augenblick zurückgewonnener Nüchternheit an, ihre wahren, wesentlichen Menschen. In der deutschen Schweiz ist er bald mit allen, die zählen, in enger Verbindung. Andreas Latzko ist da, rasch berühmt geworden durch sein Buch ›Menschen im Kriege‹, Leonhard Frank, Fritz von Unruh und der Österreicher Alfred H. Fried, der Schüler und Schildträger Berta von Suttners, der frühe Vorkämpfer des paneuropäischen Gedankens, Anreger des Völkerbundes, Herausgeber der ›Friedenswarte‹. Zweig trifft mit Joyce und Wede-

kind, mit René Schickele, Flake, Iwan Goll und Ludwig Rubiner zusammen. Ein paar Schweizer, wie Robert Faesi und Eduard Korrodi, schließen sich diesen Genossen im Geiste an. Im Tessin unten lebt Hermann Hesse. In der Westschweiz, vornehmlich in Genf, hat sich eine Gruppe junger Künstler gebildet, Schüler und Freunde Rollands. Die Franzosen unter ihnen sind gleichsam die Exponenten jener geistigen Kreise, die in Frankreich trotz aller Verhetzung den Ideen und der Person Rollands treu geblieben waren, allen voran Henri Barbusse, der Autor von ›Le Feu‹ und Georges Duhamel, der Dichter der ›Vie des Martyres‹ und der ›Civilisation‹. Hier in der Schweiz wirken nun P. J. Jouve und René Arcos in diesem Sinne. Revuen sind entstanden. Henri Guilbeaux, der »Fanatiker des sozialen Umschwungs, Kampfhahn gegen jede Macht«, gründet die Monatsschrift ›Demain‹, Claude le Maguet die ›Tablettes‹, Charles Baudouin den ›Carmel‹. Eine Zeitung, Jean Debrits ›La Feuille‹, vereinigt sie alle und macht Front gegen den westschweizer Chauvinismus und den Krieg. Täglich liefert der junge Belgier Frans Masereel eine kühne revolutionäre Tuschzeichnung für dieses Blatt (und hier ist, spürt Zweig im ersten Moment, ein Walt Whitman-Typus, ein gleichsam neu erstandener, verjüngter, ins Graphische gewandter Verhaeren am Werke). Schließlich treten noch

ein paar Russen, wie Birukow, der Freund und Vertraute Tolstois, in diesen Kreis.
Was aber Rolland all diesen Menschen in jenen Tagen war, hat Stefan Zweig in seiner Biographie des Dichters in den folgenden Worten bekannt: »Alle waren wir stärker, freier, wahrer, vorurteilsloser in seiner Nähe; das Menschliche, geläutert von seiner Glut, schlug als Flamme empor, und was uns band, war mehr als der Zufall gleicher Gesinnung, es war eine leidenschaftliche Erhobenheit, manchmal gesteigert zu einem Fanatismus der Verbrüderung. Daß wir gegen die Meinung, gegen das Gesetz aller Staaten an einem Tisch saßen, Wort und Vertrauen arglos tauschten, daß unsere Kameradschaft aufgetan war aller Verdächtigung, machte sie nur glühender, und in manchen — unvergeßlichen — Stunden empfanden wir in einer reinen Trunkenheit das unerhört einzige unserer Freundschaft. Wir zwei Dutzend Menschen in der Schweiz, Franzosen, Deutsche, Russen, Österreicher, Italiener, gehörten zu den ganz wenigen unter den hundert Millionen, die sich hell und ohne Haß ins Auge sahen, die innersten Gedanken tauschten, — wir, die kleine Schar in seinem Schatten, waren damals Europa, unsere Einheit — ein Staubkorn im Weltsturm — vielleicht das Samenkorn künftiger Verbrüderungen. Wie stark, wie beglückt haben wir das in manchen Stunden empfun-

den und wie dankbar vor allem! Denn ohne ihn, ohne das Genie seiner Freundschaft, das Bindende seiner Natur, das mit zarter, wissender und gütiger Hand uns verknüpfte, hätten wir nie die Freiheit, die Sicherheit unseres Wesens gefunden.«
Und fast von der ersten schweizer Stunde an wirkt Stefan Zweig im Zeichen solcher Sicherheit und Freiheit.
In die Heimat berichtet er nun immer wieder öffentlich von dem Friedenswerke der Schweiz, diesem »Hilfsland Europas«. In Genf besucht er die ›Agence internationale des Prisonniers de guerre‹, wo Rolland in einem kleinen hölzernen Verschlag zwischen hundert Mädchen, Studenten, Frauen achtlos für seine Zeit und seine eigene Arbeit durch mehr als anderthalb Jahre täglich sechs bis acht Stunden gesessen und Briefe registriert, Briefe geschrieben, eine scheinbar geringfügige Kleinarbeit getan hat. Zweig hebt die Verdienste der leitenden Männer des Roten Kreuzes, Gustave Adors und des Dr. F. Ferrière, hervor und schon bricht er, wenn er von diesem »Herzen Europas« begeistert spricht, in die erlösten Worte aus: »Mögen andere die Schlachten schildern, Feldherren bejubeln, Kaiser und Herzoge rühmen — ich habe nichts gesehen in diesem Kriege, was mir wichtiger schiene zu schildern, würdiger erhoben zu werden, als das kleine Haus auf der Place Neuve in Genf, das ehe-

Stefan Zweig
nach dem Gemälde von Le Fauconnier

malige Musée Rath...« Das ist im Dezember 1917. Aber die Monate vergehen nun rasch, die erste Wirkung des Kontrastes schwächt sich ab, und allmählich wird Zweig, nun in Rüschlikon, einem kleinen Dorfe am Zürichsee, lebend, sich aller Schwierigkeiten bewußt, die auch die Schweiz zu bestehen hat, des Heroismus, mit dem sie sich den Frieden erhält. In seiner unerhörten Einfühlsamkeit spürt er schnell alle Fährnisse auf, die auch dieses freie, unabhängige Land durchgemacht hat. Es hat mit ernsten wirtschaftlichen Schwierigkeiten zu kämpfen, das Asylrecht wird materiell, politisch und ideell zum Problem, die internationalen Kriegsgefangenen (deren Schicksal Zweig so sehr ergreift, daß ihrer einer, der Russe Boris, ihn zu der Erzählung ›Der Flüchtling‹ anregt), diese kranken deutschen, französischen, englischen, belgischen Soldaten überfluten, je länger der Krieg währt, in umso unabsehbareren Strömen alle Kurplätze, alle Hotels, und die revolutionären Elemente unter den Deserteuren und Refraktairen endlich ziehen auch die Schweiz in den Kalkul ihres sozialen Experiments, sie treiben staatsfeindliche Propaganda.

So berichtet Zweig immer wieder nach Wien, und auch diese seine schweizer Erfahrungen des Jahres 1918 bestärken ihn nur in der Ansicht, daß es genug und übergenug sei mit dem Fürchterlichen, eine Überzeugung, die er schon 1917 in einer Zeitschrift, der ›Neuen Generation‹, wie folgt formuliert hat: »Ein Wort steht heute in der Welt, in allen Ländern, bei allen Völkern und steht wider den Frieden, das Wort: ›Sollen unsere Opfer vergeblich gewesen sein, sollen unsere Brüder umsonst gefallen sein?‹ Dies Wort steht in der Welt, steht überall gegen den Frieden des Ausgleiches und der Versöhnung und darum müssen wir, die wir nicht den Worten verfallen wollen, aufstehen gegen dieses Wort... Wollen wir mehr noch opfern, um ein paar Grenzsteine zu verschieben? Nein! Lasset die Toten die Toten begraben, die Lebendigen die Lebendigen retten, verschütten wir die Vergangenheit und mit ihr den unermeßlichen Blutstrom, der aus Europas Herzen quillt.« Dies ist, in einem Satze, das Programm der Zweigschen internationalen Betätigung während seines schweizer Jahres im Kriege. Kaum in Genf angekommen, ruft er in der Zeitschrift ›Demain‹ nach der Lektüre der Revuen und Werke der in der Schweiz wirkenden Franzosen, seinen ›französischen Brüdern‹ zu: »Eure Taten sind größer als die unsern, größer als jene der deutschen Kameraden... Ihr verkörpert zwar nicht das Frankreich von heute, aber den Geist Frankreichs, die Tradition der Revolution und der Brüderlichkeit... Ihr seid gering an Zahl, aber ihr seid die Repräsentanten aller

Schweigsamen jenes namenlosen Parlaments der Menschheit, das zwar in unserer erschütterten Welt keine Macht besitzt, aber doch über den Geist herrscht.« Worte und Überzeugungen gelten ihm fortab nur, wenn sie sich an Hindernissen und Gefahren erproben, und einziges Gebot der Stunde scheint: Bekenntnis und Wirksamkeit. So liest er in Zürich gemeinsam mit P. J. Jouve im Lesezirkel Hottingen vor, an einem denkwürdigen Abend, der den Österreicher und den Franzosen als aufrechte militante Freunde Rollands mitten im Kriege öffentlich verbindet, — gewiß eine Leistung, wenn man bedenkt, wie hoch später, lange nach Friedensschluß, der Mut der ersten Franzosen gepriesen wurde, die wieder in Berlin, der ersten Deutschen, die wieder in Paris zu sprechen wagten. Im April dann, auf dem Internationalen Frauenkongreß in Bern, hält er eine Rede über Berta von Suttner und ruft den Teilnehmerinnen zu: »Wer von Ihnen jetzt noch Politik spricht, verrät das Menschliche, wer zaghaft redet, verrät die Zeit — das wägende Wort ist heute zu wenig, ein Schrei tut not, der Schrei, der alle Qual der gemarterten Welt in sich schließt, ein Schrei, lauter als die Kanonen der Stunde.« Und im Juli 1918 sagt er es selbst in der ›Friedenswarte‹ offen heraus: »Nennen wir uns Defaitisten! Seien wir Flaumacher! Was Euch heilig ist, das Menschenopfer, scheint uns erbärmlich; was uns heilig ist, die Freiheit des Individuums, ist Euch Verbrechen. Wir wollen keines Sieg und keines Niederlage, wir sind Siegfeinde und Freunde des Verzichts. Europa soll von seiner Qual erlöst werden, um jeden Preis.« Und dann, das erschütternde, das vernichtende Wort: »Wir sehen in Eurer großen Zeit die Pestbeule der Weltgeschichte.« Ja, nun ist der Krieg an sich ihm Verbrechen. Die großen Worte haben ihren Sinn verloren. »Denken wir abseits von Geographie und Geschichte,« fordert er, »nein, denken wir überhaupt nicht. Fühlen wir nur.« Er sieht jetzt bloß noch den gepeinigten Menschen, er verteidigt ihn gegen Stand und Staat. Freiheit, die er selbst neu gewonnen, — er fordert sie fanatisch für alle. »Ich glaube, daß jeder Mensch ein äußerstes Recht auf sein Leben hat: das Recht, es zu bewahren aus seiner Überzeugung, und das Recht, es hinzugeben für seine Überzeugung. Menschen, die ihr Leben hingeben für ihre Idee, frei, freiwillig hingeben, stehen selten auf in den Zeiten; Märtyrer zu sein, ist eine große, erhabene Fähigkeit, eine Berufung und kein Massenschicksal«. Und, anknüpfend an das Wort Rousseaus, daß das Blut eines einzigen Menschen wertvoller sei als die Freiheit des Menschengeschlechtes, stellt er sich immer wieder gegen die ›Jusquauboutisten‹, gegen all jene, die, sei es selbst im Sinne eines endgültigen Friedens, den Sieg der einen oder der andern kriegführenden Gruppe wünschen. »Keine Idee ist eine ganze Wahrheit, aber jeder einzelne Mensch ist eine ganze Wahrheit«, ruft er aus. »Es scheint mir ein unverschämter, erbärmlicher Luxus in der Kriegszeit, Ideale zu haben und Ziele, für die andere kämpfen, und ich sehe in einem Defaitismus, der das Menschenleben als höchsten Wert einsetzt, mehr gerechte Gesinnung, als in einem Idealismus, der mit fremdem Blute seine Überzeugung münzt.« Voll Mißtrauen ist er nun gegen die Ideen, gegen alle Ideen, und er glaubt — immer von neuem bekennt er es — nur noch an eine einzige Wirklichkeit, an »das atmende, blutende, zeugende, leidende, millionenfach einzelne Menschenleben«. »Seit vier Jahren,« stellt er fest, »hat Europa Millionen Menschen einigen Ideen geopfert. Wäre es nicht Zeit, daß jetzt einige Ideen den Millionen Menschen geopfert werden?« Und er selbst formuliert die Antwort in den Worten: »Die Ideen brauchen uns nicht, denn sie haben ihr ewiges Leben. Die Menschen brauchen uns, denn sie haben nur dieses einmalige irdische, dies so sehr geliebte und jetzt so bedrohte Leben... Die Gerechtigkeit, die Gleichheit, das Selbstbestimmungsrecht des einzelnen und der Völker, das Ende der Gewalt, die ewige Eintracht — all diese großen Ideen wird kein einziger von diesen Toten mit seinem Tod der Menschheit bringen... Nur die Lebendigen schaffen die Welt.« Entpolitisierung der Welt: das muß die Parole sein, Neubewertung des einzelnen Menschenlebens, und damit Entwertung jeder Kriegsidee.

Kaum ein Jahrzehnt ist seither vergangen, aber ach, wo sind sie nun, diese tragisch-erhabenen schweizer Tage, da eine Handvoll Schriftsteller und Dichter aus aller Herren Länder mitten im Kriege wähnen durfte, in aller Demut Saat eines kommenden, ewigen Friedens und Völkerfrühlings zu streuen? Was ist aus jenen Hoffnungen inzwischen geworden? — Nicht alle vermochten wir damals freilich, der Tradition unserer Familien, unserem angestammten Milieu, unserem ganzen menschlichen Habitus nach bis an das Ende jenes Weges zu gehen, den die radikalsten unter unsern revolutionären Freunden im sozialen Sinne betreten hatten. Auch Stefan Zweig hatte in dieser Hinsicht Vorbehalte, aber selbst in solchem Dunkel persönlichster Gewissensfragen war Rolland ihm getreulichster Führer. Denn nie gab der große Freund sich als Mann eines Programmes für andre, niemals erhob er allgemeine sittliche Forderungen, niemals stellte er andre moralische Verhaltungsmaßregeln auf, als diese letzte: sich zu erkennen und dieser eigenen Notwendigkeit — sei es auch gegen die ganze Welt — treu zu sein. Er hatte keine andre Maxime als die des Glaubens an den eigenen Glauben. Es gab für ihn nur eine Wahrheit: jene, »die ein Mensch in sich, als seine persönliche erkennt«, er hatte nur eine Antwort auf alle Fragen: »Handelt nach eurem Gewissen!« In diesem Appell, der an jeden Einzelnen von uns erging, fühlten wir uns alle verbunden und aus diesem Miteinandersein jenseits der Gegensätze der Rasse, der Nation und der sozialen Herkunft schöpften wir Kraft und Berechtigung zu unserer großen Utopie.

DIE NIEDERLAGE

Die Künder des Krieges sind verstummt. Fünftausend Gedichte wöchentlich hatten sie, nach einer Feststellung Julius Babs, in den Jahren der wildesten Begeisterung Polyphem gewidmet. »Johlend und jauchzend, wie die Schuljungen hinter der Militärmusik« waren sie ihm nachgelaufen, Anbeter des realen Erfolges, Verfechter des Rechtes gewaltsamer Eroberungen, Künder der Notwendigkeit des ewigen Krieges. Sie, die »Maulhelden, die eilig aus der Enthobenheit ihrer Stellung eine Erhobenheit des Gefühls gemacht, als Warnung und ewiger Hohn der vorsichtigen Patrioten, die so beredt das große Stahlbad gerühmt und sich selbst gehütet, nur die Fersenspitze darin zu netzen«, --- warum schwiegen sie nun? Waren sie, eine letzte verzweifelte Phalanx, für Kaiser und Reich im Kampfe gefallen? Nein. Sie duckten sich bloß erschreckt im Zusammenbruch.

Der Krieg ist beendet, aber nicht im Sinne Rollands, Stefan Zweigs und der kleinen Gruppe der schweizer Freunde, »jener Urzelle der internationalen Gemeinschaft«. Die »österliche Auferstehung der gekreuzigten Welt« bleibt, wenigstens vorläufig, aus. Es kommt nicht zu dem von den Defaitisten, den Flaumachern geforderten Vergleich, zum Verständigungsfrieden. Hatte Zweig eineinhalb Jahre zuvor in Barbusses ›Le Feu‹ das Denkmal der »französischen Besinnung von heute und vielleicht der europäischen Verbrüderung von morgen« gefeiert, so stellt sich jetzt heraus, daß die internationalen Bestrebungen in den Ländern der Sieger noch bei weitem zu schwach sind. Nicht Deutschland müsse im Krieg besiegt werden für immer, hatte Barbusse verkündet, nicht Deutschland sei der Feind des französischen Volkes, sondern der Krieg. Darum: »Guerre à la guerre!« Nun aber haben in Frankreich erst recht alle Scharfmacher, alle Unentwegten, alle Jusquauboutisten das Wort; die Republik der Menschenrechte ist ein »im Siege betrunkenes Vaterland«.

Romain Rolland protestiert. Nie war nach seinem Gefühl — Stefan Zweig stellt es fest — moralische statt militärischer, aufbauende statt zerstörender Politik mehr vonnöten als nach der Weltkatastrophe, und der Weltbürger, der schon den Krieg loszulösen gesucht hatte vom Stigma des Hasses, nun ringt er um das Ethos des Friedens. Ja, wieder ist Romain Rolland, der selbst im Schatten einer Niederlage einst aufwuchs, Stefan Zweigs Führer, auch in dieser Zeit der neuen Enttäuschung. Zweig schöpft die ganze Tragik der Katastrophe von 1918 ideell aus. »Ein Land, das einen Krieg verlor«, schreibt er, »ist wie ein Mensch, der seinen Gott verloren hat. Fanatische Ekstase bricht plötzlich hin in sinnlose Erschöpfung, ein Brand, der in Millionen lohte, stürzt ein in Asche und Schlacke. Es ist eine plötzliche Entwertung aller Werte: die Begeisterung ist sinnlos geworden, der Tod zwecklos, die Taten, die noch gestern als heldisch galten, eine Narrheit, das Vertrauen eine Enttäuschung, der Glaube an sich selbst ein armer Wahn. Alle Kraft zur Gemeinsamkeit sinkt hin, jeder steht für sich allein, wirft Schuld von sich ab und dem Nächsten zu, denkt bloß an Gewinn, an Nutzen und Vorteil, und eine unendliche Müdigkeit löst den hochgespannten Aufschwung ab. Es gibt nichts, was die moralische Kraft der Masse so sehr vernichtet, wie eine Niederlage, nichts was zunächst dermaßen die ganze geistige Haltung eines Volkes entwürdigt und schwächt.« Aber Zweig weiß auch, daß eine zweifache ideelle Stellungnahme zur Niederlage möglich ist. »Die einen deuten auf die Zukunft hin und sagen, Haß zwischen den Zähnen: ›Diesmal sind wir besiegt worden, das nächste Mal werden wir siegen‹... Der andere Idealismus aber sucht anderen Glauben und anderen Trost für die Niederlage zu geben. Er deutet nicht auf die Zukunft hin, sondern hinaus in die Ewigkeit. Er verheißt keinen neuen Sieg, er entwertet nur die Niederlage.« Denn Macht ist für Zweig, wie für Rolland, wie für Tolstoi kein Argument für den Geist, der äußere Erfolg kein Wertmaß für die Seele. Für ihn, wie für sie, »siegt der Einzelne nicht, wenn seine Generäle auch hundert Provinzen erobern, und er wird nicht besiegt, wenn die Armee auch tausend Kanonen verliert: der Einzelne siegt immer nur, wenn er frei ist von jedem Wahn und jeder Ungerechtigkeit seines Volkes.«

Politisch freilich ist dieser Friede eine Schmach, und Stefan Zweig bekämpft ihn als solche. Im Oktober 1919 spricht er sich in einem offenen Brief an Robert Müller vehement gegen die ›Schandkonferenz‹ aus, die Europa diesen Frieden gibt, und erklärt das System selbst, das ihm zugrunde liegt, für alle Zeiten als nicht existent. Nur das »europäische Volk« erkennt er an, für den freigeborenen Menschen setzt er sich ein, die wahre Rettung erscheint ihm einzig »vom moralischen Instinkt her« möglich. Glänzend erweist sich in jenen Tagen auch seine politische Witterung, die Männer wie Heinrich Lammasch und Walther Rathenau ihrem vollen Wert nach erkannt hatte, lang ehe sie in verantwortlichen Stellungen öffentlich in die Erscheinung traten. Überhaupt: nun steht Stefan Zweig immer öfter auch in diesen Dingen Rede und Antwort. Er, der vor dem Kriege sich nur in seltenen Fällen zu Tagesfragen geäußert hat (etwa wenn er, in einem höchst launigen, fingierten Dialog zwischen einem deutschen und einem französischen

Schriftsteller, sich gegen die geplante Verleihung des Nobelpreises an Paul Heyse wendet), nun greift er immer wieder in die große öffentliche Nachkriegsdebatte ein. Schon im Dezember 1918 fordert er die »Erziehung zum republikanischen Bewußtsein«. Die Republik ist in Deutschland noch nicht da, stellt er fest, sondern nur ihre Form, und ein Umspringen über Nacht aus einem politischen Extrem ins andre schiene ihm sogar kläglich. Er verlangt in diesen »brennendsten Dingen des Augenblicks« klare Einsicht und klare Rede. »Ohne Wehleidigkeit im Empfinden« drückt er es in unzweideutigen Worten aus: »Es war nicht der Geist, der Glaube, die Überzeugung, die jene Wandlung bewirkten, sondern die Not, der Haß, die Erbitterung. Sie war ein Rückstoß gegen Gewalt, ein Vorstoß aus freiem Willen. Zorn hat die Freiheit geschaffen.« Nicht Stolz auf die Republik sei vonnöten, sondern das Bewußtsein ihrer Selbstverständlichkeit. Und er bekennt: »Ich glaube, daß das deutsche Volk, wenn es einmal den republikanischen Gedanken erfaßt hat, ihn in einer eigenen und großen Form verwirklichen wird«. Aber er geht im selben Atemzug über die deutsche Republik hinaus: »Für das republikanische Bewußtsein ist auch die deutsche Republik nur ein Anfang: ihm gibt es kein letztes Vaterland als die europäische, die allmenschliche Gemeinschaft, die sich aus der Freiheit der Nationen selbst frei entwickelt und für die alle Einzelgebilde ebenso Hemmung als Förderung sind. Freisein heißt, keine Grenzen um sich haben: kann dies das Volk heute noch nicht erzwingen, so vermag es doch jeder einzelne in seiner Seele. Und dies Gefühl der Freiheit in jedem einzelnen fördern, nenne ich Erziehung zum republikanischen Bewußtsein, Fundament der neuen geistigen Welt.«

Zu alledem braucht es Zeit, braucht es Geduld. »Vergangenes als historisch begreifen, die Gegenwart aber als das dauernd Zukünftige, die Form als abgeschlossen, den Inhalt als fruchtbar wandelbar«: das hat Stefan Zweig als Programm dieser Schicksalsstunden aufgestellt. Nun aber sieht er allenthalben jene flackernd Unruhigen am Werke, die, unbewußt schon des Gestern, das neue nationale, ja das internationale Gebäude in einem einzigen Tag aufrichten möchten. Zweig jedoch bleibt jenes Gestern eingedenk. »Nur wenn wir nicht vergessen wollen,« hat er, noch während des Krieges, geschrieben, »in keinem Augenblick, in keiner Sekunde, sind wir uns und der Welt gerecht. Nur dann können wir sie verstehen. Und wir wollen nicht vergessen, nichts und niemanden im Guten und im Bösen...« Denn er weiß: »Wir sind alle sehr vergeßlich gewesen, sehr leichtfertig und sehr gleichgültig. Wir waren nicht mißtrauisch genug bei den Zusammenkünften der Großen, waren zu nachsichtig für die Kleinen, die Hetzer und Schwätzer, die vom Kriege im Frieden redeten wie von einem Fußballmatch.« Diese Erkenntnis, er trägt sie auch in der Nachkriegszeit schmerzlich. Nicht umsonst hat er es vier Jahre lang mit angesehn, wie die Verkünder des Idealismus den Preis schuldig blieben, indes die andern bezahlten, nicht umsonst schaudernd den Bankerott des Gefühls miterlebt, »das ganz Vernunft geworden ist, mathematisch statt menschlich, Politik statt Seele.« Unfehlbare, unbeirrbare Gesinnung fordert er daher nun. Schon im Oktober 1918 hat er im ›Forum‹ den Opportunismus als Weltfeind gebrandmarkt und die ganze Tragik der Zeit in dem einzigen Satz zusammengefaßt: »Die Meinungen haben über die Überzeugungen gesiegt.« Anfangs 1920 aber veröffentlicht er in Stephan Großmanns ›Tagebuch‹ einen ›Aufruf zur Geduld‹, in dem er sich gegen den Opportunismus der Niederlage wendet. »Kaum ist der Krieg zu Ende,« schreibt er, »so entdecken sie plötzlich alle ein neues Feld, die Völkerversöhnung, und flöten Rolland an und Barbusse.« Gegen die frivole Organisation solchen Opportunismus wendet er sich scharf: »Wo diese deutsche Neigung zur Bündelei an Europa rührt, an die Welt, muß der unwissenden Ungeduld energisch in den Weg getreten werden: das Manifest der Dreiundneunzig hat gezeigt, welchen Schaden Ungeduld und unbelehrte Eilfertigkeit anzurichten vermag.« Ja, immer wieder: Überzeugung nicht Meinung, auch im Internationalismus! Denn »Meinung ist Masse, Überzeugung ist Mensch.«

In der Tat, Zweig ist nun in all diesen Dingen pessimistisch genug. »Wir sind eine verlorene Generation,« sagt er, »wir werden das einige Europa nicht mehr sehen.« Und, ebenfalls im ›Tagebuch‹, ein halbes Jahr später (in einem offenen Brief an Barbusse nach einjährigem Bestande der ›Clarté‹) gibt er sich mit Bezug auf den Internationalismus überhaupt keinen Illusionen mehr hin. Ein gemeinsam mit Romain Rolland, Barbusse, Nicolai und Croce geplantes Manifest ist unterblieben, ein internationaler Kongreß der Intellektuellen aus Geldmangel gescheitert. Wieder haben die falschen Propheten das Wort. Jetzt, »wo der Internationalismus eine Art ungefährliches geistiges Gesellschaftsspiel in gewissen Kreisen zu werden scheint«, hält Zweig es für geboten, daran zu erinnern, »daß der wirkliche Internationalismus auch heute noch ein sehr radikales, ja sogar ein revolutionäres Bekenntnis ist. In dem hohen fanatischen Sinne wie Barbusse ihn fordert, ist er nicht mehr gemütlich einem Patriotismus aufzustülpen. Er ist eine Entscheidung gegen sein eigenes, gegen jedes Vaterland.« Und 1926 endlich, da in-

Der Kapuzinerberg in Salzburg

ternational ›Modefarbe‹ wurde, konfrontiert er in einem Aufsatz ›Internationalismus und Kosmopolitismus‹ (gleichzeitig deutsch in der ›Literarischen Welt‹ und französisch in der Zeitschrift ›Europe‹ erschienen) wieder Gesinnung scharf gegen Meinung. »Kosmopolitismus«, definiert er, »ist eine bloß gesellschaftliche, eine konventionelle gegenseitige Gastlichkeit zwischen den Nationen und hat politisch günstige Verhältnisse zwischen diesen Nationen zur Voraussetzung. Er gilt nur für den Frieden, ist darum völlig unverpflichtend im Kriegsfall, völlig ungefährlich, weil jederzeit abschaltbar... Internationalismus dagegen ist Bekenntnis zur unzerstörbaren, von den Wirrnissen und Engstirnigkeiten der Politik unabhängigen Einheit der Nationen: er überdauert nicht nur den Krieg, sondern eben der Krieg wird seine entscheidende, seine höchste Probe... Internationalismus schließt geistigen Kriegsdienst vollkommen aus und fordert den Krieg gegen jede Form des Krieges.« Und Stefan Zweig gelangt zu dem Schluß, daß all jene neuen internationalen Bestrebungen nur dann einen Wert erreichen können, »wenn sie aus dem verantwortungslos Unverpflichtenden, aus dem rein Gesellschaftlichen endlich heraustreten und Verpflichtung werden, Bindung und Gelöbnis, wenn sie endlich aufhören, bloß kosmopolitisch zu sein und Garantien bieten, wirklich international zu wirken«. Er verlangt von den Mitgliedern dieser Vereinigungen, sich zunächst selbst darüber klar zu werden, ob sie bloß kosmopolitisch oder international empfinden, um dann bündig ihr Bekenntnis abzulegen, etwa mit diesen Worten: »Ich erkläre mit Ehre und Eid, daß ich niemals in meinen Schriften eine ganze Nation verächtlich machen, beschimpfen oder verspotten und niemals die Verantwortlichkeit politischer oder militärischer Aktionen auf eine Volksgesamtheit beziehen werde.« »Genug der zweifelhaften Vermengungen,« ruft er aus, »des ungefährlichen, unverpflichtenden Banketteuropäertums! Wir brauchen Bürgschaften und nicht Worte, dauernde, unlösliche Treue an das einzig wahrhafte Vaterland unserer europäischen Geisteswelt.« Ganz deutlich sieht er so im Allgemeinen, im Politischen vielerlei Gefahren als unmittelbare Folgen des unsinnigen Friedens. Er stellt fest, daß unzweifelhaft die Eroberung Europas durch Amerika begonnen habe, er prophezeit, daß es auf dem besten Wege sei, Kolonie der Amerikaner zu werden, »Knechte einer der europäischen im tiefsten fremden Idee, der maschinellen.« Die wirtschaftliche Hörigkeit, sie scheint ihm gering gegen die ideelle Gefahr. »Eine Kolonisierung Europas wäre politisch nicht das Furchtbarste,« schreibt er. »Die wahre Gefahr für Europa scheint mir im Geistigen zu liegen, im Herüberdringen der amerikanischen Langweile...« Die entsetzliche Welle der Einförmigkeit, die über unsern Kontinent geht: das ist das neue Schreckgespenst. Denn von Rußland her ist derselbe Wille zur Monotonie in verwandelter Form am Werke: der Wille zur »Parzellierung des Menschen, zur Uniformierung der Weltanschauung«. Und die Europäer selbst, sie ahnen nicht einmal, was ihnen von solcher Gleichmacherei droht, die dahin führt, daß sie sich »ihres Eigenwillens begeben und willenlose Masse werden, die dann jedem Agitator, jedem Kriegstreiber, jedem Hasardeur der Politik sich widerstandslos in die Hände gibt.« »So schafft sich Europa«, Stefan Zweig stellt es fest, »durch geistige Resignation sein Schicksal... Der Weltkrieg war die erste Phase, die Amerikanisierung die zweite seiner Selbstaufgabe.«

So trostlos all das auch klingen mag: im Persönlichen zieht er aber von allem Anbeginn die »Grenzen der Niederlage«. Denn hat der Friede auch keineswegs die ersehnte Vollendung aller pazifistischen Gedanken gebracht und ist er trächtig vielfacher kommenden Gefahr, so hat er doch wenigstens für den Augenblick den Einzelnen von dem entsetzlichen Druck des Krieges befreit. Der Konflikt des weltbürgerlichen Menschen mit dem Massenwahn seiner Heimatbrüder ist ausgeschaltet, das Gewissen in seiner ewigen Wahrheit steht nicht mehr feindlich gegen den Begriff Vaterland. Gelassenheit ist nun in ihm, und er wird sich darüber klar, »daß die Niederlage, selbst die furchtbarste, eines Landes im einzelnen Menschen ihre Grenze hat. Daß das Kostbarste, das Wesentliche eines jeden Wesens eigentlich nicht teil hat an gemeinschaftlichem Schicksal, daß irgendwo der persönliche Mensch auch in einem solchen Chaos noch seine Ordnung hat... An den Dingen, an den Einrichtungen, nie aber an den Menschen selbst wird die Niederlage kenntlich sein: hier ist ihre Grenze.« In uns fällt die Entscheidung, »ob wir die Niederlage für unser eigenes Leben anerkennen oder nicht. So wenig es bei den Siegern nur Glückliche und Zufriedene gibt, so wenig muß es bei uns nur Verzweifelte und Verängstigte geben.« Und er fügt das stolze Bekenntnis hinzu: »Wer innerlich sich frei fühlte, der war frei im Krieg von aller Schuld und allem Wahn seines Volkes, der ist auch jetzt frei von aller Scham der Niederlage, von aller Traurigkeit des Besiegten. Denn der wahre Mensch lebt nicht Geschichte, sondern die eigene Existenz, er hat in sich sein eingeborenes Maß von Lebensfreude, gegen die selbst das Schicksal unmächtig ist, weil er das Schicksal besiegt durch ›amor fati‹, die Liebe zu seinem Schicksal. Dort, wo der Mensch nicht mehr zum Staate gehört, sondern sich selbst, dort ist die Grenze der Niederlage, auch der furchtbarsten. Denn es gibt keine Niederlage für den freien Geist: sie dringt nur so tief in unser Leben als wir Bürger sind, den Menschen selbst erreicht sie nicht in uns.«

Ist dies bloß Theorie eines unverbesserlichen Individualisten und Idealisten? Bedeutet es mehr? — Die These ist aufgestellt, — nun gilt es, das Exempel zu leben.

SALZBURG

»Wir alle, die wir etwa dreißig Jahre alt waren, als der Krieg begann,« schreibt Stefan Zweig, »werden das sonderbare Gefühl eines zweigeteilten, eines doppelten Lebens nicht mehr los. Uns kreuzte der Krieg mittwegs die entscheidenden Übergangsjahre, und seitdem empfinden wir alle unser Leben zweiförmig, als ein Vordem und ein Nachdem.«
Im Vorfrühling 1919 verläßt er, nach eineinhalb Jahren Arbeit und Kampf, sein Asyl, die Schweiz. Er kehrt in die Heimat zurück und findet dort die Not und das Elend des Krieges wenn möglich noch gesteigert. Das sorglose, heitere Wien seiner Jugend, wie ist es verändert! Die Hauptstadt eines großen Reiches ist in der kleinen österreichischen Republik zur sinnlosen wildwuchernden Millionenmasse geworden. Der finanzielle Zusammenbruch reißt ganze Gesellschaftsklassen in den Abgrund, auf einem politischen Vulkan tanzt der Abhub der Stadt: sie haben aus dem Jammer der andern ihr Geschäft gemacht und kaufen mit wertlosem Papier allen faulen Zauber einer in sich zusammenbrechenden Welt.
Aber dieses Wiedersehn, es ist zugleich ein Abschied. Entschlossen wirft Zweig, nach seinem eigenen Wort, sein Leben herum, er verläßt dieses ›balkanisierte‹ Wien, heiratet und siedelt sich in Salzburg, »der wunderbarsten Kleinstadt Österreichs«, an.

Es ist freilich nicht jenes Salzburg, in dem die Komödianten, ein paar Jahre später, ihre Schminktische bis in die Kirchen stellen und wo der laute Festlärm eines sommerlichen Snobbismus seltsam mit der wahren Wesenheit solch verträumter, ein wenig indolenter Provinzstadt disharmoniert. Es ist das Salzburg des holden, beinahe italienischen Blaus in strahlenden Vorfrühlings- und Spätherbsttagen über altem, erzbischöflichem Gemäuer, das Salzburg der winterlichen weißen Stille, jenes Salzburg, in dem, wenn man tief genug einhorcht in seine stille Melodie, immer noch ein Etwas von den Kantilenen Mozarts musiziert. In diesem andern, unbekannten Salzburg finden sich damals — und es scheint wie Rettung aus der österreichischen Sintflut in eine letzte Arche — ein paar Schriftsteller und Künstler zusammen, die ihr Schicksal freilich bald genug wieder in die vier Winde zerstreut. Hermann Bahr ist damals da, Oscar A. H. Schmitz, Franz Karl Ginzkey, der Freund früher Jahre und Kamerad im militärischen Dienst, Andreas Latzko, der ungarische Kampfgenosse aus der Schweiz, von Musikern Bernhard Paumgartner, Petirek, von Malern vor allem Anton Faistauer, der Sohn dieser Landschaft. Das Haus Zweigs, im Kriege von ihm erworben, liegt auf dem Kapuzinerberg, oberhalb der Stadt, nur ein paar Minuten von ihrem Herzen entfernt und doch ihrem kleinbürgerlichen Lebensradius entrückt, mit dem freien Blick weit in das bayrische Land und auf die Berge. Es sieht übermütiger aus als es ist, und obwohl der Volksmund es das ›Paschinger-Schlössel‹ getauft hat, ist es in der Tat nicht viel mehr als ein Gartenhaus. Durch zwei Stockwerke ein paar Zimmer dicht an den Felsen geklebt, das ist alles,— ein einfaches, helles Gebäude im Grünen, »an den Berghang angelehnt, mit dem Keller und Erdgeschosse zum Teil in den gewachsenen Felsen hineingebaut«. Zier dieses alten, historischen Hauses ist fast einzig sein ›Saal‹, dessen gemalte Leinwandtapeten Ansichten aus Paris mit Empirestaffage darstellen, und einem schönen weißen Tonofen, auf dem Ganymed und ein paar Genien unter Arabesken im Relief erscheinen, während eine schlichte Urne ihn krönt.

In diesem salzburger Haus ankert Zweig sich nach seinem eigenen Worte fest, in dieses Haus bringt er als neue Kostbarkeiten seine Bücher, seine geliebten Autographen, die sich durch die Jahre zu einer Sammlung von europäischem Rang allmählich gefügt haben.

Wie aber wird er — diese Frage liegt auf der Hand — dessen Vorkriegszeit ganz »besonders leicht und beflügelt« war, dessen Jugend »in einer vollkommen sorglosen, heute kaum mehr darstellbaren Sphäre der Freizügigkeit« verlief, wie wird dieser Ungebundenste solche freiwillige Gebundenheit ertragen? Einmal, in den ›Frühen Kränzen‹, hat er dem ewigen Wandertrieb seiner Jugend in Versen Ausdruck gegeben, wenn er sagt:

»Noch immer hat kein liebes Band
Mich angeschmiegt an stillen Sinn,
Noch wird mir Heimat jedes Land,
Dem ich gerad zu Gaste bin.

Den hellen Straßen geh ich nach
Wie Staub, der nach den Rädern rennt,
Gern rastend unter einem Dach,
Wo nicht ein Herz das meine kennt.

Landfahrer ward ich mit dem Wind
Und des Gedenkens ganz entwöhnt,
Daß mir daheim noch Freunde sind,
Die ich mir einst als Glück ersehnt,

Ein Träumer in die runde Welt,
Der wegwärtswandernd schon vergißt,
Wohin der eigne Sinn ihn schnellt
Und wo sein Herz zu Hause ist.«

Nun aber ist er bald vierzig Jahre alt, und die äußere Welt hat mancherlei bitterste Enttäuschung gebracht. Die Schienen, diese »blauen Adern aus Eisen«, die einst dem Freiheitsdurstigen immer wieder schrankenlose Weite und Ferne schenkten, Stefan Zweig hat sie jahrelang die Hekatomben Polyphems an die Fronten fortschaffen sehn, die Aeroplane, die er knapp vor Kriegsausbruch so hoch gepriesen hat, weil sie jahrtausendelanger Menschensehnsucht nach dem Fluge endlich Erfüllung brachten, sie sind inzwischen zu »unheilbringenden Kometen unserer Zeit« geworden. Ihm selbst, dem »Weltbürger, der keiner Nation die Prägung seiner eigenen aufzwingen mochte, der lächelnd und froh die ewige Verschiedenheit der Rassen sah, aus denen sich die wundervolle Vielfalt des ewigen Gemeinsamen, der ganzen Menschheit zusammensetzte« — wie scheint ihm nun, wenn er in den kommenden Jahren Europa wieder auf kurzen Reisen flüchtig durchstreift, der ganze Kontinent so öde und monotonisiert! Ja, diese Monotonisierung der Dinge erfüllt ihn mit einem leisen Grauen. »Alles wird gleichförmiger in den äußeren Lebensformen,« stellt er fest, »alles nivelliert sich auf ein einheitliches kulturelles Schema. Die individuellen Gebräuche der Völker schleifen sich ab, die Trachten werden uniform, die Sitten international.« Die Menschen tanzen allenthalben zur gleichen Jazzmusik, allenthalben sehen sie auf der Leinwand dieselben Filme, allenthalben hängen sie sich den Radiohörer an den Kopf, allenthalben sagen ihnen die vorlauten, geschwätzigen elektrischen Wellen das Gleiche. »Die Städte werden einander äußerlich ähnlich. Paris ist zu drei Vierteln amerikanisiert, Wien verbudapestet...« Der

Prozeß der Mechanisierung des Daseins, die Präponderanz der Technik, vor dem Kriege schon von einem Rathenau als wichtigste Erscheinungen unseres Lebensalters gewertet, sie haben sich unter dem amerikanischen Druck mit rasender Schnelligkeit und unwiderstehlicher Gewalt vollzogen.

Ja, fast alles ist verändert und vieles zerstört. Stefan Zweig selbst macht »entschlossen Lebensbilanz«. »Was war verloren? Was war geblieben? Verloren: die Leichtigkeit des Vordem, das Brio, das Spielende des Schaffens, das flutende Dahin über die Erde und dann noch ein paar äußerliche Dinge, wie Geld und materielle Unbesorgtheit. Geblieben dagegen: ein paar kostbare Freundschaften, gute Kenntnis der Welt, jene alte leidenschaftliche Liebe zur Erkenntnis hin und, plötzlich dazugewachsen, ein neuer harter Mut und volles Gefühl der Verantwortlichkeit nach so vielen verlorenen Jahren.« Denn die Kriegszeit, das spürt er jetzt, hat zwar mannigfaltige extensive Tätigkeit gebracht, schockweise hat er in Aufsätzen seine Meinung in die Welt gestreut, aber Weniges nur wurde, nach dem ›Jeremias‹, dem dichterischen Werke zugebaut, ein paar Erzählungen bloß, vor allem der ›Zwang‹, und ein Kammerspiel, ›Legende eines Lebens‹.

Nun macht er Inventur. Kritisch sichtet er, was vor dem Krieg entstand, er hält Ausschau nach Material des endgültigen Werkes. Ganz bewußt greift er jetzt das schöpferische Beispiel seiner beiden großen Freunde, Verhaerens und Rollands, auf, die immer in gewaltigen Dimensionen denken und bilden. »Er betrachtet die Dinge nicht mehr vereinzelt,« sagt Stefan Zweig vom reifen Verhaeren, »reiht nicht Bild an Bild, Vision an Vision wie farbige Kartenblätter, sondern vereint sie zu einer lebendigen Kette. Er durchspürt die Erscheinungen nicht mehr einzeln und abgelöst, sondern mit jenem Hintergrunde hoher Absicht, sie zu einem Einzigen zusammenzuschmieden... Wie der Bauer, ehe er ackert, zuerst sich das Feld umspannt, das er zu durchpflügen hat, so teilte er innerlich seine Welt in Zyklen ein.« Und von Rolland: »Dieser Wille zur Größe prägt sich unwillkürlich in den Formen aus: nie oder fast nie in seinem Werke versucht sich Rolland an etwas Einzelnem, Isoliertem, Abgelöstem, nie an Episoden des Herzens oder der Geschichte... Denn er will jeder Zeit (wie jedem einzelnen) gerecht sein... Darum — und nur aus diesem moralischen Gefühl der Gerechtigkeit gegen das Große — braucht Rolland die breiten Formen, und es ist selbstverständlich, daß der Kreis, der alles umschließt, der Zyklus, die seinem Schaffen wesentlichste Form ist... Immer ist seine Anstrengung auf das höchste moralische Maß gerichtet, immer auf ewige Formen, immer empor zum Monumentalen:

das Fresko, das Gesamtbild, die epische Umfassung ist sein Ziel.«

Diese beiden kritischen Feststellungen enthalten das Programm Zweigs für sein eigenes Schaffen in den salzburger Jahren. Nun ist dieser Wille zur Größe auch in ihm. Ein paar Quadern findet er schon kunstgerecht behauen für seinen neuen Bau: ›Erstes Erlebnis‹, das vor dem Krieg veröffentlichte Buch der ›Vier Geschichten aus Kinderland‹, wird Fundament der novellistischen Reihe ›Die Kette‹, in der er beabsichtigt, »in abgeschlossenen Kreisen je einen immer anderen Typus des Gefühls, der Leidenschaft, der Zeit und Alterszone in verschiedener Abwandlung zu deuten und durch Gestaltung zur Welt zu runden«; drei bisher verstreute Aufsätze über Balzac, Dickens und Dostojewski schließen sich organisch zu dem Essaybuch ›Drei Meister‹ zusammen, das der erste Band jener andern Reihe wird, in dem er versucht, parallel zur ersten »in anderem Element bloß nachgestaltend und dichterisch essayistisch eine Typologie des Geistes zu formen«. Aber weiter noch greift er im Baulichen nun aus, wenn er hinzufügt: »Diese beiden Reihen sind gleichsam als Treppen gedacht, die von der Unterwelt bis ins Gesetzmäßig-Geistige aufsteigend auf einer obern Schwelle einander begegnen und im schaffenden Spiegel der Psychologie sich bildhaft einigen.«

So ist der Plan entworfen, der Horizont der eigenen Möglichkeiten zum erstenmal pflichtbewußt voll ausgemessen, denn nichts fordert, nach der Meinung Stefan Zweigs, »eine Zeit der Verwirrung wie die unsere unbedingter als eigene Klarheit über Absicht und Ziel.« Auf Jahre hinaus scheinen nun Inhalt und Sinn des Lebens festgesetzt, und wie für die äußere Welt im Zeichen des neuen Aufbaus gilt nun auch für ihn kein höheres Gesetz als das der Arbeit.

Aufgang zum Kapuzinerberg

DIE NOVELLEN

Schon im Äußerlichen, im Formalen zeigt sich der entscheidende Unterschied zwischen den Vor- und Nachkriegsnovellen Stefan Zweigs. Was er vor 1914 geschaffen — ›Die Liebe der Erika Ewald‹, ›Erstes Erlebnis‹, ›Angst‹ (ganz abgesehen von mehreren nur in Tagesblättern und Zeitschriften veröffentlichten Erzählungen, die, da sie nie in Buchform erschienen, der Dichter wohl selbst nicht für wesentlich hält), all dies ist formal gekennzeichnet durch den Willen zu sprachlich-harmonischer Vollendung. Ganz auf Musik ist dieser Stil gestellt, — und dies vor allem erklärt seinen suggestiven Reiz. Scharf zergliedert, hält er den Regeln der Syntax nicht immer bis ins letzte stand, überdies entgeht Stefan Zweig manchmal nicht ganz der Gefahr der Wiederholung: ähnlich wie Verhaeren ist er zuzeiten wie verliebt in irgend einen Ausdruck, in eine bestimmte Wendung, ja manche neue Wortbildungen scheinen beinahe befremdend. Aber all diese Mängel des Details heben sich durch den unvergleichlichen Rhythmus der Diktion auf, die in kühnen, immer treffsicheren Bildern, in sonoren Vokalfolgen und einprägsamen Assonanzen zauberisch schwelgt. Wunderbar wiegt dieser auf Melodik gestellte Vortrag den Leser jener Vorkriegsnovellen in Poesie.

Im Krieg selbst — es wurde schon erwähnt — ist novellistisch nur Weniges entstanden, und dies Wenige hat vornehmlich dokumentarischen Wert. ›Zwang‹ und ›Der Flüchtling‹ sind daher ganz schlicht erzählt, ›Zwang‹ allerdings mit einem leisen expressionistischen Einklang. Aber dann, nach dem Krieg in ›Amok‹, ertönt eine neue, gesteigerte Sprache. Im ›Jeremias‹ schon hat die Leidenschaft sie Zweig zum erstenmal aus dem Blut gepeitscht, und Richard Specht stellt in seinem schönen Essay, der als Vorwort der russischen Gesamtausgabe und als deutscher Privatdruck erschienen ist, an ihr eine gewisse Überhitzung, einen Überdruck fest. »Dann scheint das Stärkste nicht stark genug,« schreibt er, »soll durch einhämmernde Wiederholung noch eindringlicher werden und wird dadurch abgeschwächt. Dann wird jeder Satz angekurbelt, jedes Wort unterzündet, es ist ein manchmal betäubendes Prasseln und Explodieren, ein keuchendes Hinstürzen der hemmungslos brausenden Rede, die dann mehr ermüdet als erhebt.« Mögen diese Einwände allenfalls mit Hinblick auf den ›Jeremias‹ gelten: in den Nachkriegsnovellen scheint es doch, als sei hier ganz bewußt jener Rhythmus gesucht und gefunden, der einer Zeit des Films, der Automobile und Luftschiffe entspricht. Die Vorgänge dieser Erzählungen flirren, flitzen, flimmern an dem berauschten Leser in atemraubenden Tempo vorüber. Stefan Zweig hat, aller Übertreibung zum Trotz, jenen Stil gefunden, der seiner eigenen inneren Bewegtheit entspricht, er hat ihn mit vehementer Energie auf das Tempo unserer Tage gebracht.

Dies ist, wie alles Technische an seinen Novellen, für ihre ganz außerordentliche Wirkung wichtig. Denn erst mit dem ›Amok‹, dem zweiten Bande des Novellenkreises ›Die Kette‹, setzt jener stets sich steigernde Erfolg ein, der dann auch alle früheren Bücher zu immer höheren Auflageziffern emporreißt. Stefan Zweig hat nun das Geheimnis entdeckt, durch seinen Rhythmus, durch seine Figuren, durch die Vorgänge, in die er sie verwickelt, durch die inneren Fabeln seiner Novellen die Zeitgenossen wie wenig andre deutsche Schriftsteller der Gegenwart auf das leidenschaftlichste zu fesseln.

Was seine Gestalten betrifft, so ist es technisch sehr bemerkenswert, auf welche Art er sie zu dem intensiven Leben erweckt, das sie vor uns führen. Stefan Zweig ist kein Naturalist: kaum, daß er uns ihre Namen gibt. In den frühen Novellen, in ›Die Liebe der Erika Ewald‹, in ›Angst‹ wird noch hier und da gesagt, wie sie bürgerlich heißen: Erika Ewald, Gräfin Ostrowska, Irene Wagner. Doch schon in ›Erstes Erlebnis‹ werden kaum noch die Vornamen erwähnt. Bob ist der Held der ›Geschichte in der Dämmerung‹, seine Kusinen sind Kitty, Margot und Elisabeth. In ›Die Gouvernante‹ erfährt der Leser überhaupt nicht die Namen der beiden kleinen Mädchen, auch das ›Fräulein‹ bleibt für ihn namenlos, und nur der Verführer wird, lakonisch genug, als Kusin Otto vorgestellt. In ›Brennendes Geheimnis‹ werden nur der kleine Edgar und seine Mutter Mathilde namentlich eingeführt; der Baron ist, wie man hört, von »nicht sehr klangvollem Beamtenadel« und nur episodisch wird sein Vetter, ein Graf Grundheim, erwähnt. In ›Sommernovellette‹ kommt kein einziger Name vor. Im zweiten Bande der ›Kette‹ dann, in ›Amok‹, fallen meist auch die Vornamen weg. In ›Der Amokläufer‹, in ›Die Frau und die Landschaft‹, in ›Die Mondscheingasse‹ bleiben alle Hauptfiguren anonym. Die ›Phantastische Nacht‹ erlebt der Baron Friedrich Michael von R., der ›Brief einer Unbekannten‹ ist an den Romanschriftsteller R. gerichtet, die Unbekannte selbst gibt ihren Namen nicht preis. Ganz farblos sind die Namen der Nebenfiguren dieses Bandes, soweit sie überhaupt erwähnt werden: eine Schauspielerin heißt Diane, ein magyarischer Turfspieler Lajos, ein Rechtsanwalt Alfons, der Diener des Romanschriftstellers selbstverständlich Johann (ganz typisch, wie etwa auch der französische Kellner in ›Der Stern über dem Walde‹ den höchst alltäglichen Namen François trägt). In ›Verwirrung der Gefühle‹ endlich erzählt Mrs. C. ihre Erlebnisse (›Vierundzwanzig Stunden aus dem Leben einer Frau‹), und der Geheimrat Roland v. D. berichtet über seine Jugendepisode mit dem geheimnisvollen Lehrer. Dieser selbst aber und dessen Frau, genau wie der junge Pole, an den Mrs. C. sich verliert, bleiben wieder durchaus unbenannt. Als Nebenfiguren erscheinen Madame Henriette mit ihren Töchtern Annette und Blanche, eine Herzogin von M., eine Fürstin X., der jüdische Dozent W., seine anonyme Braut. Nur die dritte Novelle dieses Bandes, ›Untergang eines Herzens‹, ist eine Ausnahme dieser sehr bezeichnenden Regel. Der Geheime Kommissionsrat Salomonsohn trägt seinen Namen wie Shylock als Vertreter seiner Rasse, seiner Kaste, der die Männer von Welt, der Conte Ubaldi und der Baron von Medwitz — auch sie wieder ganz konventionell benannt — gegenüberstehen. Die Kriegsnovellen ›Zwang‹ und ›Der Flüchtling‹ weichen nicht von dieser sehr bewußt durchgeführten Technik ab. Dort sind die Hauptgestalten der Maler Ferdinand R. und seine Gattin Paula, hier wird das tragische Schicksal des Russen Boris erzählt. In ›Zwang‹ heißt ein französischer Freund ganz typisch Jeannot, und der Postbote Nußbaum illustriert bloß die schweizer Atmosphäre als klangliche Arabeske, in ›Der

Flüchtling‹ wird ein Fürst Metscherski erwähnt, und dieser Name eröffnet eine Perspektive in die russische Vorkriegswelt des gefangenen Soldaten. In der ergreifenden Inflationsnovelle ›Die unsichtbare Sammlung‹ endlich hat Herr R., einer der angesehensten Kunstantiquare Berlins, das Wort. Der Besitzer jener Sammlung aber ist ein alter Forst- und Ökonomierat a. D., der auf den Vornamen Herwarth hört. Diese Novelle spielt in mitteldeutscher Kleinstadt, und so heißt seine Tochter — wieder typisch genug — Annemarie.

So wenig Stefan Zweig mithin — wie so viele andre Dichter es tun — durch die Suggestivkraft des Namens für seine Figuren werben will, so wenig gibt er ihr realistisches äußeres Bild. Erika Ewald hat einen »schmalen, biegsamen Leib«, ihre Schwester Jeannette ist häßlich und kurzsichtig, der Kellner François »schlank und sehr soigniert«. Der junge Bob in ›Geschichte in der Dämmerung‹ sieht nach seinem schmerzlichsüßen Erlebnis mit Elisabeth zum erstenmal aus »wie ein Mann«. Mathilde, des kleinen Edgar Mutter, ist »eine jener leicht üppigen Jüdinnen im Alter knapp vor der Überreife«. Die Frau des Großkaufmanns in ›Der Amokläufer‹ hat »ein undruchdringliches Gesicht, hart, beherrscht, von einer alterslosen Schönheit, ein Gesicht mit grauen englischen Augen, in denen alles Ruhe schien und hinter die man doch alles Leidenschaftliche träumen konnte«. Das Antlitz des nachtwandlerischen jungen Mädchens in ›Die Frau und die Landschaft‹ ist »gelblich, bleich, von derselben matten, kranken Farbe wie draußen der Mond«, es hat schwarze Augen und schwarzes Haar. Der Baron in ›Phantastische Nacht‹ ist ein »soignierter Gentleman«, er trägt »Derbydress, pariser Zylinder und Perle in der taubengrauen Krawatte«. Den Romanschriftsteller R. bezeichnet die Unbekannte in ihrem Brief als »hübsch, federndschlank und elegant«, sie erwähnt sein »helles, lebendiges Gesicht mit dem jungen Haar«. Der Fremde in ›Vierundzwanzig Stunden aus dem Leben einer Frau‹ ist von »zarter, fast weiblicher Schönheit, lichtblond mit schwarzen Augen«. Ronald von D. ist als Student »hochgewachsen, schlank«, er hat »die bronzene Patina des Meeres noch frisch auf den Wangen«, die Frau seines Lehrers besitzt einen »ephebisch schmalen, vielleicht etwas zu schmalen Körper, haselnußbraune Augen und ein übermütiges Jungengesicht«; sie ist »leicht und behend, muskelfreudig und rank«. Nur in ein paar allgemeinen Strichen wird so die Figur skizziert, und nur in ganz vereinzelten Fällen das Porträt genauer ausgeführt, etwa in ›Angst‹ das des Gatten, des Rechtsanwaltes Fritz Wagner, von dem es heißt: »Die Stirne war hell und edel, wie von einer inneren starken, geistigen An-

strengung geformt, der Mund aber streng und ohne Nachgiebigkeit. Alles war straff in den sehr männlichen Zügen, Energie und Kraft.« Oder, ganz besonders, in ›Verwirrung der Gefühle‹, wenn der homosexuelle Professor wie folgt beschrieben wird: »Ein Römerkopf, marmorn die Stirn gewölbt, und die blankschimmernde an den Seiten überbuscht von rückschlagender Welle weißen schopfigen Haares: ein imponierend kühner Oberbau geistiger Fraktur — unterhalb der tiefen Augenschatten aber rasch weich, fast weibisch werdend durch die glatte Rundung des Kinns, die unruhige Lippe, um die, ein Lächeln bald und bald ein unruhiger Riß, die Nerven flatterten. Was oben die Stirne mannhaft schön zusammenhielt, löste die nachgiebigere Plastik des Fleischlichen in etwas schlaffe Wangen und einen unsteten Mund; vorerst imposant und herrscherisch, wirkte von der Nähe gesehen sein Antlitz mühsam zusammengestrafft.«
Einzelheiten also meist, aber welches Leben in diesen Einzelheiten, etwa in den Beschreibungen der Hände, die durch das ganze novellistische Werk beinahe manisch stets wiederkehren. Schon in ›Die Liebe der Erika Ewald‹ ist von einer »schönen, feingeäderten Hand« die Rede, in ›Geschichte in der Dämmerung‹ sieht Bob am Frühstückstisch nur die Hände der Damen, und sie »scheinen ihm plötzlich wie eigene Wesen,

wie Gestalten auf einer Bühne, jede ein Leben und eine Seele«. Ja, die Hände haben ihre gleichsam persönliche Existenz: »Eine schmale Hand drüben am Tisch wacht auf, streckt sich, krümmt sich um eine Silberdose und bringt sie her.« Bob empfindet die Hand »als etwas Eigenes und Belebtes, wie eine Katze, die sich an ein Kleid anschmiegt, wie eine kleine, weiße Katze, die mit eingezogenen Krallen sich verliebt schnurrend an einen heranmacht«, er würde nicht erstaunen, »wenn plötzlich ihre Augen zu funkeln begännen.« Und dann die »streichelnde Hand«: »ganz, ganz dämmerig sieht er sie, nur ein weißes, schmales Leuchten, das heranbricht wie eine helle Wolke und wieder weicht.« Der kleine Edgar starrt die Hände des Barons an, die einst, auf exotischer Jagd, einen Tiger getötet haben. Die Unbekannte schwärmt von den »zarten, feinen Händen« ihres Geliebten. Salomonsohn erblickt die Hände seiner Tochter Erna auf dem Tisch, »die geliebten Hände: lässig und maniküre spielten sie wie verwöhnte Windhunde auf dem weißen Rasen des Tuches«. Die schmalen Hände des Professors (in ›Verwirrung der Gefühle‹) mit den »ein wenig zu zarten, ein wenig zu weichen Fingern« machen während seines Vortrags »merkwürdig wölbende und umschließende Gesten«, diese Hände, »die manchmal, wenn ein Wort herrisch vorstieß, sich wie Flügel spreizten, zuckend

nach oben fuhren, um dann allmählich in der
beruhigenden Geste eines Dirigenten musi-
kalisch niederzuschweben«. Die Hände des
Fremden in ›Vierundzwanzig Stunden aus
dem Leben einer Frau‹ sind »von ganz selt-
ner Schönheit, ungewöhnlich schmal, und
doch von Muskeln straff durchspannt —
sehr weiß und die Nägel an ihren Spitzen
blaß, mit zart gerundeten perlmutternen
Schaufeln«. In derselben Novelle endlich findet sich jene Beschreibung der Spielerhände,
von der Richard Specht sagt, daß Stefan
Zweig ihretwegen, auch wenn er gar nichts
andres geschrieben hätte, als Meister hohen
Ranges gelten müßte: »Das einzig Wandel-
hafte werden (mit Rücksicht auf die Unbe-
weglichkeit der Gesichter) bei einer solchen
perspektivischen Einstellung dann die Hände
— die vielen hellen, bewegten, wartenden
Hände rings um den grünen Tisch, alle
aus der immer andern Höhle eines Ärmels
vorlugend, jede ein Raubtier, zum Sprung
bereit, jede anders geformt und gefärbt,
manche nackt, andre mit Ringen und klir-
renden Ketten aufgezäumt, manche behaart
wie wilde Tiere, manche feucht und aalhaft
gekrümmt, alle aber angespannt und vibrierend von einer ungeheuren Ungeduld...
Alles erkennt man an diesen Händen, an der
Art, wie sie warten, wie sie greifen und
stocken: den Habsüchtigen an der krallen-
den, den Verschwender an der lockeren

Hand, den Berechnenden am ruhigen, den Verzweifelten am zitternden Gelenk; hundert Charaktere verraten sich blitzhaft schnell in der Geste des Geldanfassens, ob einer es knüllt oder nervös krümelt oder erschöpft, mit müden Handballen, während des Umlaufs liegen läßt. Der Mensch verrät sich im Spiele, ein Dutzendwort, ich weiß; ich aber sage: noch deutlicher verrät ihn während des Spieles seine eigene Hand... Ich kann Ihnen gar nicht schildern, wieviel tausend Spielarten von Händen es gibt, wilde Bestien mit haarigen, gekrümmten Fingern, die spinnenhaft das Geld einkrallen, und nervöse, zittrige, mit blassen Nägeln, die es kaum anzufassen wagen, noble und niedrige, brutale und schüchterne, listige und gleichsam stammelnde — aber jede wirkt anders, denn jedes dieser Händepaare drückt ein besonderes Leben aus...«

All diese Zweigschen Menschen aber bilden in ihrer Gesamtheit jene mittlere Welt, die man vor dem Kriege — wie der Baron Friedrich Michael von R. in ›Phantastische Nacht‹ es formuliert — »bei uns in Wien ›die gute Gesellschaft‹ ohne besonderen Stolz, sondern ganz selbstverständlich« zu nennen pflegte. Viele reiche Nichtstuer, wie eben auch jenen Baron, gibt es in dieser Welt, Künstler, wie den Geigenvirtuosen in ›Die Liebe der Erika Ewald‹ oder den Romanschriftsteller R. im ›Brief einer Unbekannten‹,

Rechtsanwälte, wie den Gatten in ›Angst‹ oder den Vater des kleinen Edgar in ›Brennendes Geheimnis‹, Herren des höheren Staatsdienstes, wie den Baron in derselben Novelle, angehende Diplomaten, wie den jungen Polen in ›Vierundzwanzig Stunden aus dem Leben einer Frau‹, Kaufleute, wie den Stiefvater der Unbekannten oder den Geheimen Kommissionsrat Salomonsohn, Ärzte, wie den Erzähler in ›Der Amokläufer‹, ganz junge blonde oder elegante, schon ein wenig fanierte Offiziere, bessere Pferdehändler, die auf dem Turfplatz leidenschaftlich spielen, und als Staffage kleine Beamte, Sängerinnen, Schauspielerinnen, Gouvernanten, Klavierlehrerinnen, Kellner, Diener, aber nur in ganz seltenen Fällen Menschen von absolutem geistigen Rang wie Roland von D. (in ›Verwirrung der Gefühle‹), diesen Rektorssohn aus norddeutscher Kleinstadt, der es bis zum großen Gelehrten bringt, oder den Professor, dessen hoher Geist sich an einer tragischen Veranlagung der Seele verblutet. Wo diese Welt, diese Mittelschicht, in den Adel übergreift, da ist sie ein wenig schematisch, ein wenig von außen geschildert. Ein ›Herr Baron‹ spielt in dieser Welt — die immerhin nicht die ›große Welt‹ ist — selbst dann eine Rolle, wenn seine Blaublütigkeit recht problematisch bleibt, ein alter verwitweter Reichsgraf liebt — nicht anders als zu Zeiten der ›Kameliendame‹ —

eine Demimondäne wie seine Tochter und
verspricht ihr ein »zauberisches Schloß in
Tirol«. Aber auch nach unten hin scheint diese
Welt zuweilen ein bißchen literarisch. Der
alte Diener Johann erkennt die Unbekannte,
an der sein Herr ein Leben lang vorüber-
ging, wie Klytemnästras Hunde den Orest,
von seinem Hausmeister berichtet der Baron
(in ›Phantastische Nacht‹), er habe vom Tod
seines Töchterchens so beredt erzählt, daß
es ergreifender war als die Tragödien
Shakespeares, und die Dirnen und Strolche
in ihrem Mitleid und ihrer Herzensgüte sind
wohl etwas zu sehr durch das Medium
Dostojewskis gesehen.

Diese Welt nun richtet sich im Leben sehr
behaglich ein. »Man« schmückt seine Woh-
nungen mit indischen Götzen, italienischen
Skulpturen, mit ganz grellen, großen Ge-
mälden, man sammelt seltene Gläser, eine
besondere Art italienischer Barocktische oder
Landschaftsbilder in der Art des Canaletto.
Man ist bestrebt, nicht aufzufallen und
fürchtet nichts so sehr wie den Skandal. Es
ist eine Welt, die Konventionen für Wirk-
lichkeiten setzt. Das Ideal des Gentleman
beherrscht diese Welt. Man spricht nicht in
dieser Welt, man macht Konversation. In dieser Welt ist es »bei den Frauen üblich, auch
wenn das Verlangen nach Hingabe in einer
brennend ist, diese Bereitschaft zu verleugnen, ein Erschrecken vorzutäuschen oder eine

Entrüstung, die durch eindringliche Bitte, durch Lügen, Schwüre und Versprechen erst beschwichtigt sein will«. Es ist eine Welt, wo Worte wie Ehre, Verbrechen, Laster rubrizieren, bestimmen, entscheiden. In der Novelle ›Phantastische Nacht‹ ist diese Welt am geschlossensten geschildert.

Aber Stefan Zweig und seinen Menschen geht es niemals um diese Welt, vielmehr streben sie alle über sie hinaus. Keine Dutzendschicksale will der Autor geben. Im Gegenteil: Nach dem erschütternden Geständnis seines Lehrers erklärt Roland von D., daß ihm seither alles »spielhaft und belanglos« schien, »was unsere Schriftsteller und Dichter in Büchern als außerordentlich erzählen, was Schauspiele den Bühnen als tragisch maskieren«. Und er fragt sich: »Ist es Bequemlichkeit, Feigheit oder ein zu kurzes Gesicht, daß sie alle immer nur den obern erhellten Lichtrand des Lebens zeichnen, wo die Sinne offen und gesetzhaft spielen, indes unten in den Kellergewölben, in den Wurzelhöhlen und Kloaken des Herzens phosphorhaft funkelnd die wahren, die gefährlichen Bestien der Leidenschaft umfahren, im Verborgenen sich paarend und zerfleischend in allen phantastischen Formen der Verstrickung? Schreckt sie der Atem, der heiße und zehrende der dämonischen Triebe, der Dunst des brennenden Blutes, fürchten sie die Hände zu schmutzen, die allzu zarten, an den Schwären der Menschheit, oder findet ihr Blick, an mattere Helligkeiten gewöhnt, nicht hinab diese glitschigen, gefährlichen, von Fäulnis triefenden Stufen? Und doch ist dem Wissenden keine Lust gleich als jene am Verborgenen, kein Schauer so urmächtig stark, als der das Gefährliche umfröstelt, und kein Leiden heiliger, als das sich aus Scham nicht zu entäußern vermag.« Stefan Zweig selbst aber ähnelt dem Anwalt in der Novelle ›Angst‹, von dem er sagt, daß eine große psychologische Leidenschaft ihn weit über das Maß der juridischen Ansprüche an seinen Beruf fesselte und daß Aufspüren, Entfalten, Erpressen eines Verbrechens ihn beschäftigen konnte wie andere Hasardspiel oder Erotik. In ›Der Amokläufer‹ jedoch spricht der Erzähler es selber aus: »Rätselhafte psychologische Dinge haben über mich eine geradezu beunruhigende Macht, es reizt mich bis ins Blut, Zusammenhänge aufzuspüren, und sonderbare Menschen können mich durch ihre bloße Gegenwart zu einer Leidenschaft des Erkennenwollens entzünden, die nicht viel geringer ist als jene des Besitzenwollens einer Frau.« Im einleitenden Sonett des Buches ›Amok‹ ruft er die »Unterwelt der Leidenschaften« an. Erst wo Geheimnis wirke, sagt er, da beginne das Leben, erst abgrundtiefe Leidenschaft lasse des Menschen ganze Wesenheit entbrennen, und nur der besitze sich selbst, der sich ganz

verliere. Im einleitenden Sonett des Buches
›Verwirrung der Gefühle‹ endlich ist es, nach
Zweigs eigenen Worten, abermals das Tief-
unten, das ihn verlocke, das dornendichte
Gestrüpp des Herzens, jene einzige Region,
wo das Schicksal die geteilte Flamme von
Blut und Geist in mächtigem Sturm zu-
sammenschlage. Nur dort seien wir der
Zweiheit entrafft, denn wir seien nicht wahr,
so lange wir uns bewahren. Ja, die Menschen
werden für Stefan Zweig erst dann interessant, wenn sie nichts mehr als Menschen
sind, das heißt, wenn sie sich als Individuen
gegen ihre Welt, gegen das, was man die
Gesellschaft nennt, auflehnen.
Schon wenn die halbwüchsigen Knaben und
Mädchen (in ›Erstes Erlebnis‹) durch die
nächtlichen Hotelgänge huschen oder sich
in die dunkelnden Gärten schleichen, wenn
sie an den Türen horchen und den Erwachsenen ihr Geheimnis ablisten, wagen sie die
ersten schüchternen Attacken gegen die Konvention. Haben aber diese sensitiven Kinder ihr Frühlingserwachen erst einmal hinter
sich, dann faßt sie alle die unbezwingliche
Zweigsche Lebensneugier, von der er selbst
einmal sagt, daß sie »beinahe schmerzhaft«
sei. Bei den primitiveren Naturen ist sie
Lebensgier schlechtweg. Die Mädchen schon
sind sämtlich »Schlafwandlerinnen ihrer
Sinne«. Selbst Erika Ewald, immerhin noch
etwas wie eine sentimentale Gestalt, will,

enttäuscht, »ein neues Leben beginnen, heiß, verwegen und voll wilder Gewalt, wenn auch im Rausch, einem künstlichen und einem verderblichen«, ja, sie verfällt auf den Gedanken, die Untreue des geliebten Mannes mit der eigenen Hingabe an den Nächstbesten zu vergelten; — so entgeht sie der Gefahr, nicht viel mehr als irgendein ›süßes Mädel‹ zu sein. Die zarte Elisabeth tauscht mit ihrem Vetter Bob saugende Küsse im Dunkeln, ganz ähnlich wie das junge Mädchen in ›Die Frau und die Landschaft‹, das selbst nichts als Durst, Erwartung der sommerlich schmachtenden Erde ist. Erna Salomonsohn wieder ist »aufgezündet von übermütigen Flammen, weiße, fliehende, wehende Flamme selbst mit dem silbernen Rauch des Lachens über dem Lodern des Leibes — eine jungfräuliche Göttin, dem Efeu des südlichen Gartens, dem weichen Blau des spiegelnden Sees panisch entstiegen.« All diese Frauen sind, obwohl in ihre Gesellschaftszone gepreßt, ein Stück Natur, durchaus triebhaft, von allen gilt die »offenbare Tatsache, daß eine Frau in manchen Stunden ihres Lebens jenseits ihres Willens und Wissens geheimnisvollen Mächten ausgeliefert sei«, und alle sind sie dann der gewitterhaften Entladung ihrer Sinnlichkeit bedürftig. Manche, wie die Unbekannte, sind ihrem Trieb auf Lebenszeit verfallen. »Niemand hat Dich so sklavisch, so hündisch, so hingebungsvoll geliebt,« schreibt sie an R., »als dieses Wesen, das ich war und das ich für Dich immer geblieben bin...« Und später: »... ich glaube, riefest Du mich von meinem Sterbebette, so käme mir plötzlich die Kraft, aufzustehen und mit Dir zu gehen.« Manche schließen Vernunftehen, wie Irene Wagner (in ›Angst‹) oder die Mutter des kleinen Edgar, aber dann kommt die Stunde, da die »Neugier nach dem Abenteuer« sie faßt, da es seine magnetische Anziehungskraft auf sie ausübt, da sie sich einem andern hingeben, ohne seiner zu bedürfen oder ihn nur stark zu begehren, aus einer gewissen Trägheit des Widerstandes gegen seinen Willen.« Sie sind dann meist »in jenen entscheidenden Jahren, wo eine Frau zu bereuen beginnt, einem eigentlich nie geliebten Gatten treu geblieben zu sein, und wo der purpurne Sonnenuntergang ihrer Schönheit ihr noch eine letzte dringlichste Wahl zwischen dem Mütterlichen und dem Weiblichen gewährt.« Auch die Frau des Geheimen Kommissionsrates Salomonsohn würde, obzwar »schon ein wenig dick, aufgetakelt, geschminkt und gestrichen,« redete man ihr zu, »vielleicht noch ein Tänzchen wagen...« Und Mrs. C. (›Vierundzwanzig Stunden aus dem Leben einer Frau‹) endlich hastet, vierzigjährig, Tochter von Landlords, Witwe nach einem hohen Offizier, Mutter erwachsener Söhne und umgürtet mit dem ganzen Stolz ihres Englands, einem halben Knaben nach, »ganz mechanisch, ganz triebhaft«, ins Dunkel, in irgend ein Hotelzimmer, ja sie bekennt: »Hätte dieser Mensch mich damals gefordert, ich wäre mit ihm gegangen bis ans Ende der Welt ... ich wäre, gleichgültig gegen das Gerede der Leute und die innere Vernunft, mit ihm fortgelaufen.«

Aber diese Frauen haben, ganz naturhaft, doch auch wieder einen starken Halt, denn sie sind fast alle mütterlich veranlagt. Erika Ewald hätte gern ein Kind von ihrem ungetreuén Geigenvirtuosen und in der spendenden Liebe ihrer späteren, resignierenden Jahre zieht es sie zu den Kindern hin. Mathilde, des kleinen Edgar Mutter, entscheidet sich, vor die Wahl gestellt, ihr eigenes Schicksal oder das ihres Kindes zu leben, also Frau oder Mutter zu sein, in letzter Stunde zur »Absage an das Abenteuer«, zum »Abschied von allen eigenen Begehrlichkeiten«. Und die Unbekannte schließlich ist glücklich, als sie ein Kind von ihrem Geliebten hat und sich ihre Leidenschaft für ihn dadurch sänftigt. »Nun hatte ich Dich ja endlich gefangen,« schreibt sie, »ich konnte Dich, Dein Leben wachsen spüren in meinen Adern, Dich nähren, Dich tränken, Dich liebkosen, Dich küssen, wenn mir die Seele danach brannte.« Alles Entsetzen der Gebärklinik, dieses »Schlachthauses der Scham«, erträgt sie für das Kind, sie verkauft sich, sie wird zur großen Kokotte, nur damit dieses Kind es gut habe. — Und wenn sie endlich alt geworden sind, diese Frauen, dann gleichen sie wohl sämtlich ein wenig der lieben, freundlichen Großmutter des kleinen Edgar, die ihn von Kindheit an verzärtelt hatte, immer sein Schutz gewesen war, wenn ihm zu Hause eine Züchtigung, ein Unrecht drohte.

Ja, Überwindung des Bürgerlichen, Rückkehr zu den tieferen Instinkten, das ist immer wieder das Problem dieser Novellen, die sich von Band zu Band dadurch steigern, daß sie stets intensiver werden, daß ihre Menschen immer mehr von sich selbst zu wissen wagen. Alle streben sie irgendwie über ihren Gesellschaftskreis hinaus, alle flüchten sie vor dem persönlichen Alleinsein konventioneller, unwirklicher Existenz. Schon die Kinder in ›Erstes Erlebnis‹ leiden darunter. Die Unbekannte schreibt: »Es gibt nichts Entsetzlicheres, als Alleinsein unter Menschen«. Und im Hause des Professors (›Verwirrung der Gefühle‹) ist es die seelische Vereinsamung, die so fürchterlich auf den Menschen lastet. Am Typischesten aber ist all dies im Erlebnis des Barons Friedrich Michael von R. (›Phantastische Nacht‹) zum Ausdruck gebracht. Denn er ist kein oberflächlicher Frauenjäger oder besessener Frauenknecht, dieser Baron, wie so viele der Zweigschen Männergestalten, sondern ein feiner Psychologe seines eigenen Ichs. Er fühlt sich müde, »alles Geforderte vom Schicksal zu empfangen«, er leidet an seinem Mangel an Spannkraft, an der Unlebendigkeit seines Daseins. Der Wunsch nach Wünschen genügt ihm nicht mehr, er möchte fähig sein, mehr zu leben und vielleicht auch zu leiden. Die Erstarrung seines Gefühls, seine »seelische Impotenz, seine Unfähigkeit zur leidenschaftlichen Besitznahme des Lebens« schrecken ihn. Er spürt zwischen sich und dem Unmittelbaren eine »gläserne Wand«, die er mit seinem Willen nicht mehr zu durchstoßen vermag, er fühlt leisen Neid nach Erregung, nach Brunst der Leidenschaft. Und das Entscheidende jener ›Phantastischen Nacht‹ ist für ihn, daß sie ihn nach Jahren zum erstenmal wirklich wieder lebendig macht, daß er merkt, sein Gefühl sei nur gelähmt gewesen, noch nicht abgestorben. Diese Nacht, sie befreit ihn von allen Vorurteilen seines Standes, sie löst ihn los aus dem engen »Kreise der Eleganz«, sie reißt ihn fort vom flachen Strande bürgerlichen Wohlseins. Er entdeckt in dieser Nacht seine Verwandtschaft mit allem Animalischen, allem Triebhaften und Gemeinen, er empfindet zum erstenmal die Masse, die Menschen als Macht. Er will sich weggeben, sich hingeben, sich abschießen wie einen Pfeil in irgend einen Himmel der Gemeinsamkeit. Die phosphoreszierende Atmosphäre von

Frechheit und Gefährlichkeit des sozialen Unten berauscht ihn. Sein Hochmut schwindet, ein ungeheures Liebesbedürfnis bricht in ihm auf, in den elendsten, armseligsten Menschen erkennt er — ein Schüler Dostojewskis — seine Brüder. Es reizt ihn, von Stufe zu Stufe in die Tiefe des Menschlichen, in den letzten Unrat des Lebens hinabzusteigen, selbst Verbrecher, selbst »Dieb aus Laune und Frechheit« sich mit Verbrechern in gemeines, schmutziges Abenteuer zu verstricken. In tödlicher Gefahr und unter Einsatz seiner ganzen bürgerlichen Existenz, wenn nicht seines Lebens, will er, ein Parsival jener Unterwelt, durch Mitleid wissend werden. Schließlich aber empfindet er alle Normen und Formen seiner Gesellschaftsschicht als wesenlos, und er gelangt bis zu jener letzten Erkenntnis, »daß nur der wahrhaft lebt, der sein Schicksal als ein Geheimnis lebt.«

Nur daß eben auch dieses Schicksal als »mittleres Schicksal« geformt ist, vielleicht aus der Absicht heraus, es besonders typisch zu machen. Freilich weckt gerade dadurch ein Großteil der Zweigschen Novellen mehr Interesse am Episodischen, am Anekdotischen des erzählten Falles als an den seelischen Entwicklungen der Gestalten. Wenn Bob in ›Geschichte in der Dämmerung‹ so früh das schmerzlichste Dilemma menschlicher Bindungen erfährt, nämlich »daß er die eine liebte und die andere ihn«, so ist das traurig, aber nicht tragisch. Wenn die Unbekannte an ihrer großen Liebe zerbricht, so ist ihr Einsatz vielleicht nicht ganz des Preises wert. Selbst Mrs. C. bleibt letzten Endes doch immer eine Dame von Welt, die Zeit hat, zwanzig Jahre lang über ihr sonderbares Erlebnis mit dem jungen Polen sich den Kopf zu zerbrechen. Und wenn der Baron Friedrich Michael von R. seiner Meinung nach zum Diebe wird, so spielt er, ein Privilegierter seiner Welt, beinahe so dilettantisch mit Gesetz und Verbrechen wie der kluge Rechtsanwalt in ›Angst‹, der seine Frau von einer gedungenen Komödiantin zum Schein erpressen läßt und ihr so ein wahrhaft tragisches Nora-Schicksal erspart. Nein, auch Friedrich Michael von R. schöpft nicht die volle Tragik des Lebens aus, denn er geht den Weg zu vermeintlicher Tiefe aus Laune, aus Wollust des Geistes, nicht aus unwiderstehlichem Zwang.

In den beiden letzten Novellen des dritten Bandes der ›Kette‹, in ›Verwirrung der Gefühle‹ jedoch, sind Schicksale geformt, die uns insofern tragisch erschüttern, als sie genau der Definition entsprechen, die Stefan Zweig gelegentlich vom Tragischen gibt, wenn er sagt, daß tragisch nur die Kraft sei, die nicht zum Ziele gelange. Hier aber erfordert die Klärung der Zusammenhänge allgemeinere Überschau. In ›Erstes Erlebnis‹ haben die Kinder das Wort, in ›Amok‹ lieben und leiden Männer und Frauen mittlerer Jahre, in ›Verwirrung der Gefühle‹ jedoch werden Episoden aus dem Leben dreier alter Leute berichtet. ›Vierundzwanzig Stunden aus dem Leben einer Frau‹ leitet (ähnlich wie ›Die Frau und die Landschaft‹ vom ersten Band in den zweiten) vom zweiten Band in den dritten über: Mrs. C. erlebt — es wurde schon gesagt — immerhin noch ein mittleres Schicksal, überdies ist sie während des für sie entscheidenden Tages nicht anders als alle Gestalten des zweiten Bandes durchaus amokkrank, das heißt in symbolischem Sinne von jener malaiischen Raserei infiziert, von jener Trunkenheit, jener Tollheit, jener mörderischen Monomanie, die, irgendwie klimatisch bedingt, einen ganz einfachen, ganz gutmütigen Menschen plötzlich blindwütig vor sich hinrennen läßt, alles niederstoßend, mordend, vernichtend, was ihm in den Weg tritt. In der Novelle ›Verwirrung der Gefühle‹ aber entstammt des invertierten Lehrers Verstörung »heiligerem Element«. Sein Schicksal ist der Sphäre des Alltags entrückt: hier geht es zwanghaft um den hoffnungslosen Kampf zwischen Geist und Blut innerhalb einer schöpferisch veranlagten, daher wertvollen menschlichen Erscheinung. Hier ist die Doppelschichtigkeit des täglichen Lebens nicht gewollt (wie vom Baron in ›Phantastische Nacht‹), hier ist sie durch das Gesetz bedingt, wonach ein Unseliger angetreten. Denn hier ist in der Tat ein persönlich Hohes unerbittlich allen Niederungen des Lebens versklavt. Die ›Eskapaden‹ des Professors sind nicht romantisch ersonnene, sie sind suggestiv diktierte Fluchtversuche in die Unterwelt des Gefühls und der Gesellschaft, sein Platz außerhalb des ihm sozial gemäßen Lebenskreises ist nicht frei gewähltes Exil sondern verhängter Bann. Hier ist Alleinsein wahrhaft siebenter Höllenkreis geworden, und in dem Verhältnis zur Frau und zum jungen Freunde das unsterbliche Wort des lateinischen Dichters großartig in einen neuen Sinn gewandelt: »Nec sine te nec tecum vivere possum.«

Aber auch der Geheime Kommissionsrat Salomonsohn (in ›Untergang eines Herzens‹), dieser jüdische Lear oder Goriot, erlebt ein tragisches Schicksal: Einstellung eines ganzen Lebenslaufes auf ein Ziel, das sich, blutmäßig bedingt, schließlich als sinnlos erweist. »Mit zwölf Jahren haben sie mich schon aus der Schule genommen,« klagt er, »und ich habe verdienen müssen, verdienen, verdienen...« Mit der unbezwinglichen Energie seiner Rasse hat er sich ein Vermögen errafft, in rastloser Arbeit schafft er Geld, immer wieder Geld für die Frau und die Tochter, die ihn schließlich betrügen, verraten, sich seiner schämen, alt und krank wie er ist, innerlich verlassen. Hier spürt man — wie nirgends sonst in den Zweigschen Novellen — einen Roman im Keime, und überdies ist, im Gegensatz zu allen andern Gestalten des Dichters, dieser alte Jude nicht ausschließlich Sohn der sichtbar uns umgebenden Welt. Denn die andern Zweigschen Figuren — kaum wissen sie auch nur ein Weniges von Gott. Erika Ewald schon ist ungläubig. Der ›Amokläufer‹ spricht von Gott als von einem Begriff, »von dem man weiß, daß es ihn nicht gibt«. Die Unbekannte schreibt an ihren Geliebten: ». . . nicht Dich klage ich an, nur Gott, nur Gott, der sie sinnlos machte, diese Qual . . .«, und später: »Ich glaube nicht an Gott mehr«. Die Frömmigkeit des jungen Polen in ›Vierundzwanzig Stunden aus dem Leben einer Frau‹ endlich, seine »schöne Ehrfurcht vor dem Religiösen«, die Mrs. C. so tief ergreift, ist nur äußerlich und konventionell, Gottesfurcht eines Mannes von Welt, die bei der ersten Prüfung versagt. Salomonsohn jedoch, der in seiner Krankheit feststellt: »Nur was da weh tut, bin ich, nur das bin ich, einzig nur dies Stück heißer Haut ... und einzig, was da innen umwühlt, nur das gehört noch mir, das ist meine Krankheit, mein Tod,« dieser Salomonsohn, der nie zu den Gläubigen der Gemeinde gehört hatte, beginnt mit einemmal fromm zu werden: »Gleichgültig sonst gegen alles ... versäumte er doch niemals, zu gebotener Stunde in den Tempel zu ge-

hen: dort stand er, in schwarzer Seidenkappe, den Gebetmantel um die Schultern, an immer demselben Platze, wie einstmals sein Vater, und wiegte den müden Kopf psalmodierend hin und her.«
Man kann Stefan Zweig vielleicht nicht ganz den Vorwurf ersparen, daß zu viele seiner Gestalten zu sehr ihm selber gleichen. Nicht im biographischen Sinne gilt das freilich: kaum hier und da, wie etwa in ›Zwang‹, lassen sich Parallelen zwischen den äußerlich bedingten Erlebnissen des Dichters und jenen seiner Figuren ziehen. Auch daß Stefan Zweig ihnen fast immer sein eigenes beredtes Wort in den Mund legt, ist nur als technischer Behelf zu werten. Gewiß ist es kein zwölfjähriger Knabe, der spricht, wenn der kleine Edgar sich äußert: »Oh, es zu wissen, endlich zu wissen, dieses Geheimnis, ihn zu fassen, diesen Schlüssel, der alle Türen aufschließt,« und ebenso gewiß hätte Mrs. C. in Person eine sehr bedeutende Schriftstellerin sein müssen, um jene grandiose Beschreibung der Spielerhände zu geben. Aber hier ist eben bloß die Realistik dem Bedürfnis nach Unmittelbarkeit geopfert, das Stefan Zweig fast immer dazu veranlaßt, seine Erzählungen aus dem Imperfekt in das Präsens oder aus dem Bericht über dritte in Bekenntnisse erster Personen zu verwandeln. Ausschlaggebend in dieser Hinsicht ist nur, daß fast alle diese Menschen besessen sind von

Stefan Zweigs eigenem psychologischen Wissensdurst und daß sich so das Bild der Welt einem einzigen Blickpunkt gemäß vielleicht ein wenig zu sehr verschiebt. Alle wollen sie, diese Menschen, — es wurde schon betont — irgend ein Geheimnis um jeden Preis durchdringen. Bob will ergründen, wer das Mädchen im nächtlichen Garten war, das Geschwisterpaar in ›Die Gouvernante‹, wo das schwangere Fräulein sein Kind verbirgt, der kleine Edgar, was der Baron mit seiner Mutter vorhat, der Amokläufer, wie die reiche englische Dame mit den rätselhaften Augen in ihrem verborgensten Innern empfindet, Salomonsohn, welcher von den drei Kavalieren der Geliebte seiner Tochter ist, Roland von D., warum die »schwere föhnige Windstille des Gefühls« so drückend auf seinem Lehrer und dessen Gattin lastet. Ja, all diese Menschen sind leidenschaftlich über sich selbst hinausgesteigert in ihrer fragerischen Ekstase. Alle wollen sie das letzte Geheimnis ihrer Lebenssphäre erhellen, für sie alle gilt, was die kluge Mrs. C. einmal sagt: »Die halbe Wahrheit ist nichts wert, immer nur die ganze.«

Aber gerade ihr Lebensfanatismus bringt uns diese Gestalten so nahe. »Intensität ist alles«: dieses Schlußwort des Zweigschen Casanova-Essays könnte das Motto sämtlicher Novellen sein, und hier liegt die tiefste Ursache ihres beispiellosen Erfolges. Denn sie haben ihren ganz besonderen Rang; nur sie in Deutschland strafen das verlegerische Schlagwort Lügen, daß Novellenbände unverkäuflich seien: ›Amok‹ hat das fünfzigste, ›Verwirrung der Gefühle‹ das fünfundsiebzigste Tausend erreicht. Solcher Erfolg läßt sich natürlich nicht durch noch so glänzende äußere Qualitäten erzielen. Gewiß sind auch sie wichtig: der faszinierende Rhythmus, die atemraubende Spannung des Vortrags, die souveräne Technik, die nur Andeutungen der Figuren gibt und so der Phantasie der verschiedenartigsten Leser Spielraum läßt, der weite internationale Horizont. Nicht kühl und episch sind diese Novellen wie jene Gottfried Kellers oder der andern großen deutschen Meister, sondern etwas wie eine Synthese von russisch-explosivem Temperament im Bekennerischen und lateinischer Klarheit und Präzision des inneren Aufbaus. Als konzentrierter Ausdruck ihrer Idee vermeiden sie streng alles Überflüssige, jedes Detail, sie scheinen gleichsam durch unablässiges Streichen alles Unwesentlichen aus einer hintergründigen Überfülle entstanden. Aber mehr: Sie sind in ihrem leidenschaftlichen Furor durchaus modern. In einer Zeit, die allenthalben in Europa alle gesellschaftlichen Einrichtungen in Frage stellt, in der die Grundlagen der Philosophie, der Ethik, der Moral ins Wanken gerieten, besinnen sich die Menschen dieser Novellen ihrer eigensten Problematik, ihrer geheimsten Wirklichkeit, sie erheben sich mit ungeheurer Vehemenz gegen alle Vorurteile der gestrigen Welt. Nicht vor den heikelsten Problemen, von denen erst unsre Zeit den Schleier zu lösen wagte, schreckt der Dichter zurück. Mit der unparteiischen Sachlichkeit des Klinikers, für den es kein Gut und Böse gibt, analysiert er die verborgensten seelischen Regungen seiner Menschen. Er hat die Lehre seines großen Landsmannes Freud und der wiener psychoanalytischen Schule sich intuitiv zu eigen gemacht: scharf leuchtet er in die Geheimnisse des Unterbewußten, mit unbedingter Offenheit legt er auch die leisesten Impulse im Bereich des Erotischen, des Geschlechtlichen bloß, aus den kleinsten Schocks des Gefühlslebens entwickelt er die Schicksale seiner Figuren. Und er selbst steigert sich dabei von Band zu Band immer mehr zu jenem Schriftsteller ersten Ranges empor, dem Richard Specht heute schon nur ganz wenige der deutschen Prosaisten der Gegenwart, nur Thomas Mann, Jakob Schaffner, Arthur Schnitzler und Jakob Wassermann zur Seite stellt.

DIE ESSAYS

Der Essayist und der Dichter sind in Stefan Zweig nicht voneinander zu trennen.

Schon Hanns Martin Elster, der sich als erster eingehend mit Zweigs menschlich-künstlerischer Gesamterscheinung beschäftigt hat, stellt es fest. »Beide sind sie eines,« schreibt er (in der Einleitung zum dreizehnten Bande von ›Deutsche Dichterhandschriften‹), »denn sie entsprießen einer Natur, und diese Natur braucht nur verschiedene Mittel, um ihre Lebens- und Menschenkenntnis immer wieder zu offenbaren. Sie ist erfüllt vom Leiden des Menschen am Leben, von seiner Liebe zum Leben und von wissender Leidenschaft zur Vollendung, zur Harmonie. Glückssehnsucht liegt zutiefst: Glück im höchsten Sinne des Wortes den Menschen zu bringen, zu vermitteln ist der Anlaß von Stefan Zweigs zartem Verstehen, seiner Güte. Dieser Kampf im Leid ums Glück, um die Vollendung der Natur ist sein Heroismus, ist für ihn das wahre Heldentum... Der leidende, liebende Mensch, der seiner Natur folgt und im Ringen mit ihr sein Schicksal trägt und vollbringt, steht darum stets im Mittelpunkte von Stefan Zweigs dichterischem und essayistischem Schaffen.«

In der Tat gehen die Fäden zwischen den Novellen und den Essays mannigfaltig hin und her. Schon im Äußerlichen. Stefan Zweig spricht vom ›Amoklaufen‹ Rimbauds gegen sein Schicksal, er nennt die Helden Dostojewskis ›Amokläufer‹. Das Goethewort über Kleist von dessen ›Verwirrung der Gefühle‹ wird nicht allein zum geistigen Brennpunkt des Kleistessays (in ›Der Kampf mit dem Dämon‹), sondern erscheint später auch als Titel einer Novelle, ja eines ganzen Novellenbandes. Aber mehr: Der Professor in dieser Novelle sieht die Wissenschaft ganz im Zweigschen Sinne. Leidenschaft fordert er vom Interpreten der Dichter. »Wer nicht passioniert ist,« sagt er zu seinem Lieblingsschüler Roland von D., »wird bestenfalls ein Schulmann — von innen her muß man an die Dinge kommen, immer, immer von der Leidenschaft her.« Er besitzt die Zweigsche Musikalität des Gefühls: Roland von D. erinnert sich an Zeilen seines verschollenen Werkes, »die Strophen schienen eines jambisch taktierten Gedichts, und an andere, die kataraktisch sich ergossen in großartig gedrängter Aufzählung wie der Schiffskatalog Homers und die barbarischen Hymnen Walt Whitmans«. Wie für Stefan Zweig wird auch für jenen Professor Denken zur Dichtung. Und Roland von D. wieder, der von diesem Lehrer geistig geprägt wird wie Stefan Zweig von Verhaeren, entwirft von sich selbst ein Porträt als Essayist, das Zug um Zug mit jenem Stefan Zweigs übereinstimmt. Früh schon verfällt er dem Bildnerdrang,

Stefan Zweig

"Der Kampf mit dem Dämon"
"Heinrich von Kleist"

Der Gejagte

"Ich bin dir wohl ein Rätsel.
Mein tröste Dich; Gott ist es mir"
Die Schroffensteiner

Es gibt keine Windrichtung Deutschlands, in die er, der Ruhelose, nicht gefahren ist, es gibt keine Stadt, in der er nicht, ein ewig Heimatloser, gehaust hat. Fast immer ist er unterwegs, von Berlin saust er mit der rollenden Postkutsche nach Dresden, ins Erzgebirge, nach Bayreuth, nach Chemnitz, plötzlich jagt es ihn nach Würzburg, dann fährt er quer durch den napoleonischen Krieg nach Paris. Ein Jahr will er dort bleiben, aber schon nach wenigen Wochen flüchtet er in die Schweiz, wechselt Bern mit Thun und Thun Basel wieder mit Bern; fällt jählings wie ein geschleuderter Stein in Wielands stilles Haus zu Osmannstädt. Und über Nacht treibt es in wieder fort, nochmals rennt er auf heißen Speichen über Mailand und die italienischen Seen nach Paris, stürzt sich sinnlos nach Boulogne mitten in eine fremde Armee und wacht dann plötzlich, totkrank, in Mainz auf. Und wieder wirft es ihn hinüber nach Berlin, nach Potsdam: ein Jahr lang nagelt ihn den Unbeständigen erschlafftes Amt in Königsberg an, dann bricht er wieder los, will nach Dresden, wird aber als vermeintlicher Spion nach Chalons geschleppt. Kaum befreit, hetzt er im Zickzack durch die Städte, stürmt von Dresden mitten im österreichischen Krieg nach Wien, wird bei Aspern während der Schlacht verhaftet, flüchtet sich nach Prag. Manchmal verschwindet er monatelang wie ein unterirdischer Fluß, taucht tausend Meilen weit wieder auf: schließlich schleudert die Schwerkraft den Gejagten zurück nach Berlin. Ein paarmal zuckt er mit zerbrochnen Flügeln noch hin und her, ein letztes mal tastet er hinü-

unkund noch, nach seinem eigenen Worte, des hohen Rausches, der ihn in der Wissenschaft erwarten sollte, und ahnungslos, daß auch in jener gesteigerten Welt des Geistes Abenteuer und Fährnis dem Ungestümen immer bereitet sind. Er hat dieselbe Unbändigkeit des Intellekts wie Stefan Zweig. Sein ganzes Leben, stellt er rückblickend fest, hat er daran gewandt, Menschen aus ihrem Werke darzustellen und das geistige Gefüge ihrer Welt wesenhaft zu machen, aus Jahrhunderten her Gestalten zurückzuerwecken für gegenwärtiges Gefühl, ihr Tiefstes, Wesentlichstes auszusagen. Und ganz wie Stefan Zweig verbeißt er sich dabei meist so sehr in ein Problem, daß er es nicht läßt, ehe er nicht »das Letzte, das Allerletzte seines Markes in den Zähnen fühlt.«

Ja, die Essays zeigen klar, wie dieses ganze schriftstellerisch-dichterische Werk bis in den Bereich des Dramas und der Lyrik innerlich zusammenhängt. Zweig formt — nicht anders als Verhaeren, der gelegentlich eine Novelle zum Gedicht umgestaltet — manches in zwiefacher Weise parallel: Die Stelle des Dostojewski-Essays, die Augenblicke vor der in allerletzter Minute durch einen Gegenbefehl verhinderten Erschießung des Dichters betreffend, entspricht genau dem Gedicht ›Der Märtyrer‹, in dem diese Situation gesteigert wiederkehrt. Im Essay über Dickens (›Drei Meister‹) ist die erste Skizze

der elisabethanischen Periode, »des starken, tatenfrohen, jünglinghaften, frischsinnlichen England« gegeben, das zum erstenmal die Fänge nach dem Imperium mundi reckte, heiß und vibrierend von überschäumender Kraft. Der Professor in ›Verwirrung der Gefühle‹ widmet seine Seminarübungen dieser nämlichen Epoche. Das Werk, dessen ersten Band er Roland von D. diktiert, heißt ›Das Globe-Theater, seine Geschichte, seine Darstellung, seine Dichter‹, sein Lieblingsstück ist der ›Troilus‹ Shakespeares, dessen Problematik — Satyrspiel oder verdeckte Tragödie — er mit den Studenten analysiert, ohne den aber andererseits auch Zweigs ›Tersites‹ undenkbar wäre. Und schließlich läßt er alle Dichter jener Zeit vor seinen Schülern lebendig erstehen: Marlowe, Massinger, Philipp Sidney, Kyd, Heywoods und jenen Ben Jonson, dessen ›Volpone‹ Stefan Zweig — nach eigenem Bekenntnis angeregt durch die Vorstudien zu dieser Novelle — der deutschen Bühne durch eine kühne Umarbeitung erobert.
Dabei zeigen seine Essays zwei ganz verschiedene Aspekte.
Die Bücher über Verhaeren und Rolland sind Panegyriker. Hier stehen Männer Modell, die Stefan Zweigs menschliche und künstlerische Begeisterung weckten. Er hat sie während der entscheidenden Jahre ihrer Laufbahn als treuester Gefährte begleitet. Sinn dieser Biographien ist es, für die beiden

großen Zeitgenossen zu werben, sie sind die ersten entscheidenden Bücher, die in deutscher Sprache über sie erschienen. Analytisch geben sie ihr Wesen und Werk. Aber auch die kleineren Essays über Dichter und Schriftsteller vergangener Zeiten, etwa über Rousseau, die Desbordes-Valmore, über Sainte-Beuve, über Rimbaud, über Verlaine, über Renan, auch sie sind in ähnlicher Weise gehalten. Schon die Art ihres Entstehens, der Zweck, den sie erfüllen sollen, erklärt das. Sie sind als Einleitungen gedacht, als Einführungen in das Gesamtwerk oder in einzelne Werke jener Denker und Dichter. Sie wollen Gestalten behutsam aus dem Rahmen ihrer Epoche loslösen und dem heutigen Leser nahebringen, lebendige Zusammenhänge herstellen zwischen ihnen und ihm: Sainte-Beuve vergleicht Zweig mit Hermann Bahr, mit Maximilian Harden, mit Brandes, die geistige Haltung Renans im deutsch-französischen Kriege, sein vergeblicher Appell an David Friedrich Strauß, seine Weigerung, Haß zu predigen, da er vordem zur Liebe riet, seine Idee der Bindung der beiden von ihm so sehr geliebten Nationen, der französischen und der deutschen, im Sinne einer Keimzelle der künftigen vereinigten Staaten von Europa, all das weist ganz natürlich auf das Wirken Romain Rollands in unserer Zeit.

Stefan Zweigs wahrhaft große Essays jedoch,

jene, denen er seinen Ruhm als Essayist verdankt, sind Bücher im Extrakt. Hier ist er im deutschen Sprachgebiet eine beinahe singulare Erscheinung, und die Vorbilder sind weit eher im Ausland zu suchen. Sainte-Beuve etwa, Suarès oder Brandes haben solch runde, umfassende Essays geschrieben, während man in Deutschland doch nur, der Hauptsache nach, einerseits das dickleibige Buch, andererseits das allzu knappe Feuilleton kennt. Freilich, aus dem ›Dostojewski‹ und dem ›Tolstoi‹ hätten ungeheure Wälzer werden können, denn der Technik Stefan Zweigs entspricht gründlichste Vorbereitung. Ein schier unerschöpfliches philologisches Material arbeitet er durch, er studiert alle verfügbaren Bildnisse und Handschriften seiner Modelle, ja er besucht sogar, wenn möglich, die Orte, wo sie gelebt haben. Aber auch in diesen Essays geht es ihm nicht um wissenschaftliche Kleinarbeit des Details. Wo der Philologie der Atem gesteigerten Lebens fehlt, da ist sie ihm die »papierenste Wissenschaft«. Ganz ähnlich wie in den Novellen kondensiert er den vorhandenen Stoff. Einen Umriß aus Gestalt und Werk will er geben, aber nicht, wie Gundolf etwa, nur im literarisch-ästhetischen Sinne, sondern die Silhouette der dichterischen Gesamtperson. Das Schicksal Dostojewskis will er als Mythos, als Schauspiel, als Kunstwerk, nicht aus Dokumenten sondern aus wissender

Liebe gestalten, und im Essay über Nietzsche sagt er: »Nie ist auf diesen Blättern das Schulmeisterstück versucht, aus einer erschütternden Tragödie des Geistes eine kalte ›Erkenntnistheorie‹ zu exzerpieren.« Alles Stoffliche löst er so im Bilde auf. Dem Biographischen widmet er kaum einen flüchtigen Blick, und er dichtet gleichsam das fremde Werk ohne Inhaltsangaben der Bücher nach. Farbig, eigenartig, phantasievoll und dann doch auch wieder unerhört streng im Grundriß und in der Architektonik sind seine Essays, geniale Abbreviaturen und als solche für Deutschland neu, Lebensporträts von solcher Eindringlichkeit, daß der Leser keines Illustrators bedarf, um die geschilderten Gestalten sinnfällig scharf zu sehen. Ja, es geht Stefan Zweig immer um das Wesentliche. Er will das Einmalige des ganzen Menschen festhalten. Er will große Typen schaffen, er will — ähnlich wie Romain Rolland seine Heldenleben formt — uns die ›Baumeister der Welt‹ in geistigen Standbildern vermitteln.

Schon im ersten Bande dieser zusammenhängenden essayistischen Reihe, schon in den ›Drei Meistern‹ spricht er es aus: »Einheitliche Absicht versucht **die drei großen** und in meinem Sinne einzigen Romanschriftsteller des neunzehnten Jahrhunderts als Typen zu zeigen, die eben durch den Kontrast ihrer Persönlichkeiten einander ergänzen und vielleicht den Begriff des epischen Weltbildners, des Romanciers, zu einer deutlichen Form erheben.« Eine ›Psychologie des Romanciers‹ schwebt ihm also vor, des Romanschriftstellers im letzten, im höchsten Sinne, des enzyklopädischen Genies, des universellen Künstlers, der »einen ganzen Kosmos baut, der eine eigene Welt mit eigenen Typen, eigenen Gravitationsgesetzen und einem eigenen Sternenhimmel neben die irdische stellt«. Von diesem Gesichtspunkt aus bildet er Balzac, Dickens und Dostojewski. Aber der Plan der ganzen Reihe tritt doch erst in ›Der Kampf mit dem Dämon‹ klar zu Tage. »Ich suche keine Formeln des Geistigen,« schreibt er da, »sondern ich gestalte Formen des Geistes. Und wenn ich in meinen Büchern immer mehrere solcher Bilder bewußt zusammenrücke, so geschieht dies einzig in der Art eines Malers, der seinen Werken gerne den richtigen Raum sucht, wo Licht und Gegenlicht wirkend gegeneinander strömen und durch Pendants die erst verborgene, nun aber offenbare Analogie des Typus in Erscheinung tritt.« Vergleichend ist diese seine Methode im Sinne des Plutarch, jedoch ins literarisch-charakterologische Element transponiert, und eine ›Typologie des Geistes‹ soll solcher Art allmählich entstehen. »Nichts liegt mir aber ferner,« fügt er hinzu, »als damit ein starres System in die Welt des Genius einkonstruieren zu wollen. Psychologe aus Leidenschaft, Gestalter aus gestaltendem Willen, treibe ich meine Bildnerkunst nur, wohin sie mich treibt, nur den Gestalten entgegen, denen ich mich zutiefst verbunden fühle. So ist schon von innen her jeder Komplettierung eine Grenze gesetzt, und ich bedaure diese Einschränkung durchaus nicht, denn das notwendig Fragmentarische erschreckt nur den, der an Systeme im Schöpferischen glaubt und hochmütig vermeint, die Welt des Geistes, die unendliche, rund auszirkeln zu können: mich aber lockt an diesem weiten Plan gerade die Zwiefalt, daß er an Unendliches rührt und sich doch keine Grenzen stellt. Und so baue ich, langsam und leidenschaftlich zugleich, mit meinen selbst noch neugierigen Händen den durch Zufall begonnenen Bau weiter hinauf in das kleine Himmelstück Zeit, das unsicher über unserem Leben hängt.«

Er hat eine sehr hohe Meinung von Essayisten großen Stils. »Der große Kritiker ist selten,« schreibt er mit Bezug auf Sainte-Beuve, »weil die Vielfalt der Aufgabe, an die er berufen ist, von innen her Vielfalt der Fähigkeiten fordert und deren oft gegensätzliche Elemente überdies noch in einer so besonders abgewogenen Dosierung, daß die widerstrebenden in ihrer Wirkung sich verstärkend binden, statt einander durch ihren disparaten Ursprung aufzuheben. Von allem, was in jedem Kunstwerk, in jedem Künstler enthalten ist, muß Spur, Anlage und Keim in dem idealen Kritiker gleichfalls bereit sein; nichts wiederum darf er wie der Künstler ganz und restlos verkörpern — immer muß er gleichzeitig diesseits und jenseits sein, in sich zugleich und in dem andern. Verschiedenstes muß er vereinigen, den Blick für das Zeitlose und den Nerv für die Zeit, das Relative der Stunde ebenso zu empfinden befähigt sein wie das Absolute der Werte, Vergangenes muß er gewärtig haben im Sinne der Bildung, das Werdende aber mit dem magischen Auge der Ahnung vorausfühlen... Nicht minder aber als dem Künstler muß er in anderer Sphäre seinem Bruder im Geiste, dem Gelehrten, gleichen, dem stillen Sammler der Tatsachen, dem gewissenhaften Vergleicher; mit beiden Urinstinkten des Erkennens ist es ihm auferlegt, gleichzeitig zu wirken: er muß fühlen können, aus Instinkt fühlen, und doch wieder dies Magische erklären können, aus Wissen und Erfahrung erkennen und erklären, wie eben der Gelehrte die gleich dunklen Phänomene der beseelten Natur erklärt. Immer ist von ihm in jeder Hinsicht ein Doppeltes verlangt: Enthusiasmus und ruhige Erkenntnis, Liebe und Gerechtigkeit, Künstlertum und Wissenschaft, Demut vor dem Werk und gleichzeitig Richterwort über das Geschaffene. Und diese

Unstimmigkeit in eine stete, unablässig neu erkämpfte Harmonie zu lösen, ist des Kritikers eigentliche Kunst: sie ist, vollendet geübt, so selten in allen Epochen wie die große Kunst selbst.«
Bei Stefan Zweig nun sind alle diese Voraussetzungen gegeben. Er hat die psychologische Neugier, die der innerste Motor des Gelehrten sein muß, und die sammlerische Geduld liegt ihm im Blute. Er besitzt eine seltene Bildung, die ihn wie nur wenige andre Essayisten unserer Tage zum Vergleich befähigt, er weiß um das Gewicht der Werte, um die großen Zusammenhänge von Vergangenheit und Gegenwart, ja, ihm eignet der seherische Blick in die Zukunft. Nicht nur also, daß er das Gemeinsame in den drei Meistern des Romans etwa oder in den von ihrem Dämon Besessenen — Hölderlin, Kleist, Nietzsche — spürt und hervorkehrt, er sieht alle seine dichterischen Persönlichkeiten gleichsam von innen und von außen zugleich, immer zieht er um sie den Horizont ihrer Zeit, das weite Panorama der geistigen Epoche. Das Reisefieber Kleists wird spontan mit jenem eines Rimbaud oder eines Lenau verglichen; der Wahnsinn Nietzsches bewirkt ganz natürlich die Parallele mit van Gogh; die von ihrer inneren Unruhe panisch Gejagten rufen das Bild Goethes, des ›Klardämonischen‹, des Siegers über den Dämon herauf. Hinter der Desbordes-Val-

more und Balzac entrollt sich die Epopöe der napoleonischen Kriege, hinter Dickens die »widerliche Welt der satten Behäbigkeit Englands, der hypokritischen Borniertheit der viktorianischen Kultur«, hinter Dostojewski und Tolstoi die Geistesgeschichte Rußlands während der letzten Jahrzehnte bis in unsere Tage. Beispiele sind das nur: sie wären leicht um ein Vielfaches zu vermehren. Und welche innere Affinität endlich zwischen Stefan Zweig und jenen Denkern und Dichtern! Mit Marceline Desbordes-Valmore verbindet ihn die tiefe Musikalität des Wesens, mit Rimbaud das Kosmopolitische jahrelangen Nomadentums, die Internationalität des Empfindens, mit Renan der Glaube an die geistige Einheit, an die innere Verbundenheit der äußeren Vielfalt, an die Brüderlichkeit der freien Menschen trotz Raum und Zeit. Mit Balzac teilt er das intensive Erleben der eigenen Epoche, mit Dickens das ergreifende Gefühl für die Kindheit, mit Hölderlin den rauschenden Überschwang des Wortes, mit Kleist das Wissen um alle Wirrnisse des Blutes, mit Nietzsche die Ekstase, die leidenschaftliche Bejahung des Schicksals. Und Dostojewski endlich ist er seelisch so nahe, daß der gesamte Plan seiner eigenen Dichtung wesentlich auf den Prinzipien des großen Russen beruht. Stefan Zweig erkennt in ihm den neuen Menschen über den Ständen, den Dar-

steller des absoluten, urewigen, des angespannten, des gesteigerten, brennenden Individuums jenseits der kulturellen Schichtungen, der sozialen Welt. Ja, er spricht es geradezu aus: »Hat man nun Dostojewski in dieser Tiefe der Erkenntnis, in dieser restlosen Auflösung der Empfindung erkannt, so weiß man: es gibt von ihm keinen Weg wieder zurück ins Vergangene. Will eine Kunst wahrhaft sein, so darf sie von nun an nicht die kleinen Heiligenbilder des Gefühls aufstellen, die er zerschlagen, nie mehr den Roman in die kleinen Kreise der Gesellschaft und Gefühle sperren, nie mehr das geheimnisvolle Zwischenreich der Seele verschatten wollen, das er durchleuchtet.« Stefan Zweigs Novellen halten sich durchaus an diese Richtschnur.
Einfühlsamkeit, sie ist die letzte Vorbedingung solch großer, schöpferischer Essaykunst: eine fast weibliche Fähigkeit des Miterlebens, des Mitverstehens. »Das Geheimnis ist seine Welt«, schreibt Zweig von Sainte-Beuve. »Seine weibische Neugier, der stärkste Nerv seines kritischen Organismus, tastet sich überall heran, wo ein Rätsel im Charakter, eine Dunkelheit in einem Schicksal dämmert.« Aber er fügt einschränkend hinzu: »Freilich hat er von dieser weiblichen Fähigkeit der psychologischen Neugier auch alle Untugend: er ist indiskret bis zum Exzeß, tratschsüchtig bis zur Geschwätzig-

keit, schnüfflerisch bis zur Taktlosigkeit...
ähnlich wie seinen Nachfahren, den Psychoanalytikern, ist ihm allzusehr das erotische Erlebnis Kern und motorische Kraft aller künstlerischen Produktion.« In diesem Punkt scheidet Stefan Zweig sich so bewußt von Sainte-Beuve und somit auch von Freud. Es tue nicht not, stellt er einmal fest, in einer menschlichen Biographie an das »Geheimnis des Gürtels« zu rühren. Nur in Ausnahmsfällen, wie bei Kleist etwa, wo ihm das sexuelle Moment das zentrale Problem der Existenz scheint, durchbricht er diese Regel zartesten Taktes.

Anderseits aber negiert er keineswegs die weibliche Seelenkomponente des Mannes. Schon die Novellen beweisen das bündig. »Ich nahm diese heiß vorstoßende, diese glühend eindringliche Stimme in mich auf,« gesteht Roland von D. in bezug auf seinen Lehrer (›Verwirrung der Gefühle‹), »schaudernd und schmerzhaft, wie ein Weib den Mann in sich empfängt.« »Mit der Lust des Mannes«, sagt der Baron Friedrich Michael von R. (›Phantastische Nacht‹), »sehnte ich mich in den quellenden Schoß des heißen Riesenkörpers (der Menge) hinein, mit der Lust des Weibes war ich aufgetan jeder Berührung, jedem Ruf, jeder Lockung, jeder Umfassung...« Und endlich der Erzähler in ›Die Frau und die Landschaft‹, über seine Empfindungen in einer heißen Sommernacht:

»Ich lag und fühlte mich nachgeben, hingeben an irgend etwas, das mich umfaßte, umschmiegte, umringte, das mein Blut trank, und zum erstenmal empfand ich in dieser schwülen Umfassung sinnlich wie eine Frau, die sich auflöst in der sanften Ekstase der Hingebung.« Ja, Hanns Martin Elster spricht es geradezu aus: »In Stefan Zweig sind die femininen Elemente der Menschennatur überwiegend bei aller männlichen Stärke seines Geistes, seiner Klugheit.« Und er stellt ihn, wohl etwas zu extrem gesehen, Kleist gegenüber, der für Elster der »entschiedenste Vertreter des männlichen Dichters« ist.

Nur daß eben bei Stefan Zweig dieser Komponente andererseits ein männlicher Impetus die Wage hält, der ihn erst zum vollendeten Gestalter macht: Fühlt er beinahe weiblich, so formt er dann seine Figuren als vitalster Mann. Und wo im essayistischen Werk allenfalls Vorbehalte und Einschränkungen der Zustimmung gelten mögen, da beziehen sie sich durchaus auf den Mann und den Künstler in ihm. Der Essayist muß zwar Künstler sein, sagt er im Essay über Sainte-Beuve, »und doch wieder nicht zuviel: gerade genug, um das Geheimnis der Werkstatt zu kennen, die Krisis der Schöpfung, die Ehrfurcht vor der Gestaltung, damit er dann umschaffend seine eigene Sphäre, die der wissenden Nachgestaltung, in vollendeten Formen zu durchbilden vermöge. Aber

ebenso muß ihm die erhabene Einseitigkeit, die Eigenwilligkeit, die ganz der Phantasie verschworene Einstellung des reinen Künstlers versagt sein um der höheren Freiheit des Urteils willen.« All diese Einschränkungen, sie gelten wohl für Sainte-Beuve, nicht aber für Stefan Zweig, und gerade weil er die Einseitigkeit, die Eigenwilligkeit, die ganz der Phantasie verschworene Einstellung des reinen Künstlers besitzt, gerade darum sind jene seiner Essays die besten, in denen er dem dargestellten Meister als reiner Künstler von Natur aus mit seiner Seele am nächsten ist. Und so wird auch noch scheinbarer Tadel zum Lobe.
Immer jedoch, selbst dort, wo Kritiker und Fachleute jene Dargestellten anders sahen — was etwa bei Dickens, Kleist und Nietzsche der Fall war —, reißt der große Zug hin, mit dem Stefan Zweig seinen Modellen gerecht wird. Man kann anderer Meinung sein, als er, gewiß. Man kann diese Individualitäten anders betrachten. (Wie man ja auch andere Anschauungen von der Natur, der Geschichte, der Politik, vom Heroismus haben kann.) Stets aber bezwingt in diesen Darstellungen ein hoher Wille zur Unparteilichkeit über die Nationen und die Epochen hinweg, stets ein direktes Verhältnis zum Außerordentlichen, das allein für Stefan Zweig das Maß aller Größe ist. Und vielleicht nirgends so sehr, wie gerade in den

Essays, wirkt sich das Bindende, das Verbindende und Komprehensive mit Bezug auf die verschiedenen Völker aus, das der Dichter selbst als entscheidendes Erbteil seines Blutes, als Regulativ seiner innersten Existenz und als höchste Verpflichtung seiner Begabung empfindet.

Stefan Zweig (1927)

SCHEINWELT

Die Novellen und die Essays sind in ihrer von Stefan Zweig selbst betonten geistig-sinnlichen Einheit Abbild seiner Welt: der Welt einer durch Leidenschaft gesteigerten Realität. »Die bloße Arabeske zur Zeitgeschichte zu schreiben,« sagt er einmal, »ist zu wenig: erlebt der Dichter die Zeit vom Mittelpunkt seines Seins, dann ist es seine Verpflichtung, für die Idee seines Seins zu wirken, die Idee lebendig zu machen.« Diese hohe Auffassung der schöpferischen Sendung hat Stefan Zweig — es wurde gezeigt — in beharrlicher Arbeit durch die Jahre sich abgerungen und in die Tat umgesetzt. Aber es ist dann doch auch wieder der Abseitige, der Einsame, der Träumer seiner Knaben- und Jünglingszeit in ihm wirksam: Die Gegenwart ist voll Widerstreit, und es fordert brennendes Blut, sie zu formen, ihren atmosphärischen Druck, ihren geistigen Zustand zu geben. Es kann geschehn, daß das gespannte Gefühl sich in eine süße Müdigkeit löst, die sich, nach des Dichters eigenem Worte, danach sehnt, »all dies Gelebte in schöneren Traum zu verwandeln«. Und so hat auch die Arabeske in solchem Lebenswerk ihren Sinn. Auch die Welt des Scheins erhebt Anspruch auf Geltung. Was Stefan Zweig zuerst zu poetischer Schöpfung verlockt hat: das Gedicht, übt durch die Jahre bis zum heutigen Tag seinen Zauber, früh schon zieht die Farbenwelt der Legenden den Erzähler magisch an, früh schon das Verwandlungsspiel des Theaters den Schicksalsgestalter.

Dabei sind die Grenzen keineswegs starr gezogen, sie verfließen zwischen Welt und Scheinwelt. Schon der Vers, von Jugend auf durch Anpassung an fremdes Idiom, als Ausdrucksmittel des Gefühls andrer in Übersetzungen geschmeidigt, schon dieser Vers ist nichts als Steigerung oder Bezähmung einer an sich zutiefst musikalischen, einer poetischen Sprache. Aber auch die Motive führen gleichsam amphibisches Leben in beiden Zonen. Auch in den Gedichten ist, wie in so vielen der Novellen, der Liebhaber von den Händen der Frauen ergriffen, und selbst Tersites schwärmt von Teleias »perlmutterheller« Hand,

»Mit wundersamem, pulsenden Geäst
Und zarter Wärme, sich wie Duft verbreitend.«

Ganz wie die Figuren der Novellen ruft derselbe Tersites aus: »Ich kann nicht einsam sein«; das Alleinsein, sagt auch er, sei es, was ihn zermalme, und Teleia wieder, die »von Zeus verfluchte Männin«, verfällt, genau wie Erika Ewald oder die deutsche Dirne in ›Die Mondscheingasse‹, in ihrem beleidigten Gefühl auf den Gedanken programmatischer Hingabe als Rache:

»Der erste soll
Der beste sein, mir meinem Zweck zu dienen.«

Analogien überall. Katharina (in ›Das Haus am Meer‹) kommt geradeswegs von dort, wo die Prostituierten der Novellen verlottern, und Friedrich Marius Franck (in ›Legende eines Lebens‹) haßt nicht minder die Welt der »Baronessen und Patronessen« seiner Mutter, der Bankierstochter, als etwa der Baron Friedrich Michael von R. (in ›Phantastische Nacht‹) die gute wiener Gesellschaft; nicht minder glühend bemüht er sich, das Geheimnis des Lebens seines großen Vaters zu lüften, als alle Neugierigen in den drei Bänden der ›Kette‹ sich um die Entdeckung der Wahrheit zerquälen. Und wie Friedrich Michael von R. streut endlich auch Mosca in ›Volpone‹ das geerbte Geld unter die Leute: »So geht, fliegt, wohin ihr begehrt!« sagt der eine zu den Banknoten, und der andre frohlockt: »So tanze, tanze Geld, ich geb dich frei. Ich spiel' mit dir: ich schenke dich an alle.«

Auch in den Gedichten zeigt sich übrigens von Anbeginn und durch die Jahre gesteigert jener Hang zum Zyklischen, der nach dem Krieg die Novellen und Essays immer um eine gemeinsame Idee bandweise gruppiert: In ›Die frühen Kränze‹ schlägt eine Reihe von Untertiteln jeweils den Ton an: ›Die Lieder des Abends‹, ›Frauen‹, ›Die Nacht der Gnaden‹, ›Bilder‹, ›Das Tal der Trauer‹. Im Jahre 1924 dann erscheinen die ›Gesammelten Gedichte‹, die von 1900 bis 1923 entstanden sind und zum Teil in ›Silberne Saiten‹ und ›Die frühen Kränze‹ enthalten waren. Sehr interessant ist es nun, zu sehen, was bei dieser endgültigen Sichtung vor Stefan Zweigs eigenen Augen Geltung behält.

Schon in ›Silberne Saiten‹ bricht zuweilen der Drang nach Wirklichkeit elementar durch die romantischen Träume. Aber auch in ›Die frühen Kränze‹ noch schwankt der Dichter zwischen Sein und Schein, etwa wenn er sich in ›Verträumte Tage‹ fragt:

»Ist denn wirklich Traum das Leben,
Sinnen süßer als das Schaun?
Soll ich wieder mich dem Schweben
Eurer Schwingen anvertraun?«

Doch dieser Zwiespalt ist nicht völlig ausgetragen, denn er fügt hinzu:

»Und ich fühle: ein Ermatten
Macht mich ihrem Mahnen schwach;
Willenlos, ein dumpfer Schatten,
Irrt mein Tag den Träumen nach.«

Ja, selbst die ›Gesammelten Gedichte‹ noch enthalten jene schönen Terzinen, die Stefan

Zweig ›Der Träumer‹ genannt hat und in denen dieser dem Tage zuruft:

»Laß ab von mir! Mich lockts nicht, dir
zu dienen,
Nicht in der Unrast jener mitzutreiben,
Die jetzt in Börsen, Banken, an Ma-
schinen
Die Nägel sich im Gelde blutig krallen...«

Noch immer will er nicht in seinem Schlafe die Morgenglocken vernehmen, kärglich scheint ihm das Leben, verglichen mit den Schätzen der Traumwelt. Denn nur er, der Träumer, der dem Tag nicht tributpflichtig wird, besitzt die wahre Fülle, und selbst die letzte Wirklichkeit, den Kern der Kerne, den Tod, er hat ihn schon längst vorahnend erträumt. Immerhin ist aber dies nur noch eine einzelne Variation des Gefühls, längst nicht mehr die Dominante des Buches, vielmehr wurde alles, was in den ›Frühen Kränzen‹ allzu weich scheinen mochte, unbarmherzig verworfen. Alles, was dort noch melancholisch anmutet, alles, was um Einsamkeit und Schwermut geht, alles, was Träumerei (nicht Traum) betrifft, findet keinen Raum mehr in den ›Gesammelten Gedichten‹. So verschwinden die etwas unpersönlichen und im letzten Sinne unlyrischen, berichtenden Liebessonette des Zyklus ›Die Nacht der Gnaden‹ (die übrigens hohes technisches Können beweisen), und es verschwindet auch das danteske ›Tal der Trauer‹, wo Frauen, die im Leben nur Wollust, nicht Liebe kannten, an ihrer ewig ungestillten Begierde im Jenseits danaidisch verschmachten. Ja, selbst die spärlichen Wortveränderungen in den übernommenen Gedichten zielen sämtlich auf Präzisierung, Verstärkung des Ausdrucks, klangliche Klärung ab...

Lyrik, sagt Stefan Zweig einmal, gehöre, sowohl ihrer Entstehung als auch ihrer Aufnahme nach, im wesentlichen zur Jugend, sie stehe in innigem Zusammenhang mit jenem gespannten, gesteigerten und gleichzeitig weich verworrenen Zustand dieser Lebensstufe, der mit der Pubertät einsetzt und ihr noch eine Zeitlang nachschwingt; die erste Welterfassung geschehe da mehr durch Ahnung denn dank klarer Erfahrung, mehr gefühls- als verstandesmäßig. Und ganz natürlich gilt demnach auch für ihn sein eigenes Wort über den lyrischen Dichter: »Durchaus typisch ergibt sich im normalen Wesensgang die Erscheinung, daß im Alter der Reife der technische Einschuß, der irdische also, den inspirativen überwiegt, daß sich Kunst, ursprünglich ein wissendes Ahnen, in eine weise Meisterschaft, eine suggestive Beherrschung verwandelt.« Denn freilich ist bei Stefan Zweig nun immer noch jenes inspirative Moment vorhanden, ohne das kein Gedicht denkbar wäre, aber immer unerbittlicher zeigt sich der bewußte Kunstverstand in der Wahl jedes Einfalls. Immer noch ist, wir sagten es schon, das große liebende Herz da, aber es wird jetzt durch die strengere Klugheit gebändigt. Und wie nun der Extrakt der Liebeslyrik aus den ›Frühen Kränzen‹ als ›Musik der Jugend‹ bloß den ersten Teil der ›Gesammelten Gedichte‹ umfaßt, so wachsen anderseits die beseelten Landschafts- und Städtebilder der ›Fahrten‹ (die ebenfalls schon in den ›Frühen Kränzen‹ enthalten waren) über den Rahmen hinaus, der ihnen in diesem Bande gesteckt war. Überdies aber finden sich in den ›Gesammelten Gedichten‹ drei völlig neue Abschnitte, in denen nur noch hier und da ein oder das andre Gedicht der Frühzeit erscheint.

Nun ist aber auch schon der feste Wille zur Klärung jeden eigenen Zwiespalts vorhanden.

»Haus, halt mich fest!«

ruft der Dichter, freiwillig gebunden, in ›Schwüler Abend‹ (Abteilung ›Sinnende Stunde‹) aus.

»Zuviel
Von meinen Nächten hab ich hingegeben
An dieses sinnlich aufgepeitschte Spiel.
Wird dieses knabenhaft verworrne Treiben
Denn noch nicht in mir still?«

Innerer Ausgleich wird gesucht, Weisheit nun schon in Versen geformt (wie etwa, wahrhaft berückend, in ›Singende Fontäne‹ oder in ›Indischer Spruch‹), und die beiden Kriegsgedichte, der ergreifende, nur vielleicht ein wenig zu sentimentale ›Krüppel‹ und ›Polyphem‹, fügen sich in diese Gruppe organisch ein. Ganz im zyklischen Sinne endlich ist die vierte Abteilung gestaltet, die eine Reihe ›lyrischer Statuen‹ enthält: den Bildner, zu dem Rodin Modell gestanden hat, den Märtyrer (Dostojewski vor der geplanten Exekution), den Dirigenten, der an Gustav Mahler erinnert, die Sängerin, den Maler, den Kaiser (der alte Franz Josef, vor dem Kriege), den Flieger, den Fakir, den Beichtiger, den Verführer, den Träumer, Typen also, die zum Teil, wie etwa der Flieger und der Verführer, schon ganz der Lebensintensität unserer Tage entsprechen und im Bereich des Gedichtes die vehemente Brisanz der Zweigschen Novellen erreichen. All diese Figuren jedoch steigern sich empor bis zu jener seltsamen ›Ballade von einem Traum‹, die, in des Dichters einundvierzigstem Jahr entstanden und als großes Nachtstück gedacht, Stefan Zweigs panischer Furcht vor dem Erkanntwerden Ausdruck gibt und mit den ungemein charakteristischen Versen endet:

»Da — lachte ich in mich hinein,
Tat an mein buntes Kleid von Schein,
Schloß Schweigen um mich als Gewand

Und trat, im tiefsten unerkannt,
Mein Tagwerk an, das wartend stand.«

Der Hang zum Legendaren hinwieder geht mit der Formung des lebendigen Lebens in den Novellen und Essays von früher Jugend her in Stefan Zweig parallel. Hier fließt, offensichtlicher noch als in den Gedichten, die Scheinwelt mit der Welt zusammen. Kenntnis des alten Testaments, das ererbte jüdische Blut, die orientalische Lust am Fabulieren wirken sich in diesen Legenden aus. Schon das erste Novellenbuch ›Die Liebe der Erika Ewald‹ enthält neben den beiden modernen Erzählungen (der Titelnovelle und dem ›Stern über dem Walde‹) jene erstaunlich sicher geformte Legende des Neunzehnjährigen, ›Die Wanderung‹, in der ein Jüngling, danach dürstend, den Erlöser zu schauen, sich bei einer Syrerin, der Frau eines römischen Centurio, in jähem Sinnenrausche verliegt und dann, in seinem Amoklauf nach dem Heil, am Gekreuzigten vorbeirennt, ohne ihn zu erkennen; ferner aber jene legendare Historie ›Die Wunder des Lebens‹, die in Flandern während der Zeit der Religionskriege, der Geusen, der Bilderstürmer spielt und in der ein alter Maler, der etwas von Verhaerens edler Wesenheit borgt, die junge Jüdin Esther zum Weibe weckt, indem er sie als Gottesmutter mit dem Kinde malt. Im Krieg entsteht die

›Legende von der dritten Taube‹, die der Welt den endgültigen Frieden bringen soll. Und bis in den heutigen Tag setzt die Legendendichtung Stefan Zweigs sich fort, bis zu ›Rahel rechtet mit Gott‹, wo gezeigt wird, wie sich des Herren Zorn, überführt von einer etwas weiblich-rabulistischen Logik, sänftigt, und der ›Kleinen Legende von den gleich-ungleichen Schwestern‹, die das alte Motiv der Zwillinge mit heiterer Weisheit und Anmut abwandelt.

Diese letzten Legenden sind noch in Zeitschriften verstreut und harren wohl der Zusammenfassung in einem Bande, gemeinsam mit der schönsten Legende, die Stefan Zweig bisher schuf und die in einem Einzeldruck vorliegt: ›Die Augen des ewigen Bruders‹. Auch hier ist der Zusammenhang mit der ›Welt‹ unverkennbar: Virata, »den sein Volk rühmte mit den vier Namen der Tugend, von dem aber nicht geschrieben ist in den Chroniken der Herrscher, noch in den Büchern der Weisen und dessen Andenken die Menschen vergaßen«, — dieser Virata ist ein in den Bereich der Scheinwelt gesteigerter Tolstoi. Wie der große Russe hat auch er die Höhen des diesseitigen Lebens erreicht, aber da tötet er, ein siegreicher Feldherr, unwissend seines Tuns, im Kampfe den eigenen Bruder, dessen Augen ihn von dieser Stunde an durch sein ganzes Leben verfolgen. Denn er weiß jetzt, daß jeder, der einen Menschen erschlägt, seinem Bruder das Leben nimmt, und er kann nicht länger Führer sein im Kriege, denn im Schwert ist Gewalt, und Gewalt befeindet das Recht. Er aber will Gerechtigkeit, genau wie Tolstoi, denn »ein kurzes ist das Leben in der ewigen Verwandlung«, und so tut er das Schwert von sich ab, um die Wage der Gerechtigkeit zu halten. Aber obwohl er als Richter niemals Botschaft des Todes auch über die Schuldigsten spricht, wird er nun auch dessen gewahr, daß Rechtsprechen menschliche Vermessenheit ist, daß es nur Gottes ist, zu strafen und nicht der Menschen, und daß, wer an Schicksal rührt, in Schuld verfalle. Er jedoch will leben ohne Schuld, und so liest er denn von morgens bis abends in den Büchern der Weisheit und übt sich in den Arten der Andacht, die da sind das Schweigen der Versenkung, die liebende Vertiefung im Geiste, das Wohltun an den Armen und das opfernde Gebet. Und nun fühlt sich Virata glücklich, denn er weiß, daß raten besser ist als befehlen und schlichten besser als richten. Und er erkennt, daß Freiheit das tiefste Anrecht des Menschen ist und keiner keinen verschließen darf, nicht auf ein Leben und nicht auf ein Jahr. Aber auch das ist nur ein Schritt auf dem Wege seiner Entwicklung, denn bald wird er sich dessen bewußt, daß nur sich selbst der Einsame belehren kann, da er nicht weiß, ob es Weisheit ist, was er tut, ob Glück, was er fühlt. Und so treibt ihn sein hoher Wunsch nach Gerechtigkeit und Schuldlosigkeit von den Menschen fort. Wie Tolstoi verläßt er Frau und Kinder, um als Einsiedler in Beschaulichkeit nur mehr sich selbst und seinem Heile zu leben. Nun aber wächst er über Tolstoi ins Legendare hinauf. Denn es wird ihm in seiner Einsamkeit klar, daß er durch sein Beispiel andre verleitet habe, es ihm gleich zu tun und so die heiligsten Bande irdischen Lebens zu zerreißen. Und da entsagt er der Einsamkeit. Denn nun erkennt er, daß es Vermessenheit ist, schuldlos bleiben zu wollen auf Erden, daß alles Tun von Gott getan ist, daß keiner sich ihm mit Willen entwindet und dem Gesetze der Schuld, ja, daß er selbst siebenfach schuldig wurde, weil er vor dem Gotte floh und dem Leben den Dienst wehrte. Und da zerbricht er seinen Hochmut, denn er fühlt, daß in einem Schmerz mehr Wissen um Wahrheit ist, als in aller Weisen Gelassenheit. Und er weiß nun: Auch der Untätige tut eine Tat, die ihn schuldig macht auf Erden, auch der Einsame lebt in allen seinen Brüdern. Und er geht hin aus seiner Einsamkeit, er begibt sich seines Willens. Nur wer dient, ist frei, auch das weiß er nun, nur wer seinen Willen gibt an einen andern, seine Kraft an ein Werk und tut ohne zu fragen. Nur die Mitte der Tat ist unser Werk, ihr Anfang und ihr Ende, ihre Ursache und ihr Wirken steht bei den Göttern. Alles Wollen ist Wirrnis, alles Dienen ist Weisheit, und es gibt nicht hohes und niedres Dienen, denn alles Dienen ist eins vor dem Gotte. Und so wird er der Aufseher der Hunde in seines Herrn königlichem Palast.

Hier hat Stefan Zweig in den Bereich der Scheinwelt alles transponiert, was ihm Richtschnur ist innerhalb der Grenzen irdischen Lebens: Brüderlichkeit und liebendes Verbundensein unter den Menschen, das Mitleid, Wissen um jede Qual als Weg zur Güte, die hohe Macht des Beispiels, wie er selbst sie an Verhaeren und Romain Rolland erkannte, den unverbrüchlichen Glauben an das Gebot unermüdlicher Arbeit im Dienste letzter Wahrheit, amor fati. Und wie sonst nur noch der ›Jeremias‹ weist diese unvergleichliche Legende über das Diesseits empor zu Gott.

Eines der wesentlichsten Merkmale all jener Werke, in denen Stefan Zweig seiner ›Welt‹ Ausdruck gab, ist die Eigenwilligkeit, die Zielsicherheit seines Schaffens. Immer trifft er genau in das Zentrum der Zeit. Mag man auch leicht genug Zusammenhänge mit andern führenden Geistern feststellen können, mögen etwa die Novellen in ihrer ethischen

Tendenz an Dostojewski, im Kolorit, im Stofflichen zuweilen an Joseph Conrad gemahnen, die Essays methodisch oder ideell von Lombroso oder Leo Schestoff beeinflußt sein, so haben sie doch in jedem Worte Zweigsche Prägung. Im Theater aber, dieser dritten Zone seiner Scheinwelt, ist eine gewisse Unsicherheit nicht zu verkennen: Es braucht verhältnismäßig lang, ehe der Dichter sich hier findet. Auch das äußere Glück der günstigen Konstellation, das ihm sonst während seiner ganzen menschlich-künstlerischen Laufbahn stets treu bleibt, versagt ihm hier geflissentlich jeden Dienst: Dem ›Tersites‹ stirbt Matkowsky, dem ›Verwandelten Komödianten‹ Josef Kainz vorzeitig weg, und der ›Jeremias‹ endlich kann den Übergang vom Buch auf die Bühne erst in der Niederlage vollziehen, da, nach Stefan Zweigs eigenem Worte, die Wirklichkeit selbst, was hier gedichtet und vorausgespielt war, mit noch feurigeren Farben zur Erscheinung werden ließ.

In der Theorie ist Stefan Zweig sich allerdings von je auch im Dramatischen durchaus darüber klar, was er will. »Nichts hat das französische Theater von heute notwendiger,« schreibt er schon vor dem Kriege in Bezug auf die Tragödien Rollands, »als einen Menschen von Überzeugung und Ehrlichkeit, der keine Puppen hinstellt und keine künstlichen Probleme, der auch in

Frankreich im gleichen Sinne wirkt, in dem wir uns, mit vielleicht unzulänglichen Kräften bemühen, die rein gesellschaftlichen Probleme, die erotischen und politischen wieder zu ersetzen durch die ethischen und rein menschlichen.« Und im Jahre 1921 fordert er, ganz im Sinne des Weihespielmäßigen seines ›Jeremias‹, in einem Aufsatz ›Das zukünftige Theater des Geistes‹: »Es muß kein tägliches sein. Im Gegenteil: ein Festtägliches soll es werden, die seltene Stunde über den Stunden, der Tempel über unserm Tag.« Ja, er präzisiert: »Der Fehler des gegenwärtigen Theaters dünkt mir darin zu liegen, daß es gleichzeitig zweien Herren dienen will, zwei verschiedenen Welten, die miteinander nichts gemein haben und unter andern Sternbildern stehen. Mir scheint ein unüberbrückbarer Gegensatz zwischen dem Menschen zu bestehen, der, ermüdet vom Tage, ins Theater geht, um dort die Erregtheit der Nerven, die harte Spannung des Geschäftlichen in einem bunten leichten Spiel abklingen zu lassen und dem Menschen, der in den Stunden des Theaters eine Steigerung seiner Selbst sucht, eine Erhöhung und Vertiefung seines Gefühls, eine Erleuchtung seines Glaubens, die Offenbarung, die Gnade.«
Das Programm steht also fest: Einerseits hohe Kunst, andererseits möglichst heitere Spiele. Aber — es wurde schon betont —: lang ist die Hand noch im Griffe schwan-

kend, und bis zur Stunde lehnt Stefan Zweigs Theater sich an fremde Stoffe, Motive, Figuren an. Der ›Tersites‹ steht mitten zwischen dem ›Troilus‹ und der ›Penthesileia‹. Seinen häßlichen Helden borgt der Dichter von Shakespeare, indem er ihn aus dem harten Dur ätzenden Spottes in das Moll melancholischer Entsagung moduliert, der Achill ist von der Trauer und Todesahnung Hektors aus jenem ›Troilus‹ tragisch umschattet und Teleia wieder der Kleistschen ›Männin‹ verschwistert; ja, wenn Tersites sich ihr, von Nacht umhüllt, unsichtbar erklärt, gleicht er beinahe dem Rostandschen ›Cyrano‹ unter dem Balkone Roxanens. Im ›Haus am Meer‹ wurde den motivischen Anklängen an ›Kabale und Liebe‹ und ›Enoch Arden‹ vielleicht allzu sehr von den Kritikern nachgespürt, nicht aber den tieferen Zusammenhängen mit Karl Schönherr in der Gegenüberstellung von Heimatliebe, Erdgebundenheit, Familie und dem Vagantentum der fahrenden Leute. Der ›Verwandelte Komödiant‹ wieder ist durchaus um das Zentrum der Leichenrede Marc Antons aus der ersten deutschen Shakespeareübersetzung des Freiherrn von Borck komponiert. Die ›Legende eines Lebens‹ verwertet, des Autors eigenem Hinweis in der Vorbemerkung zufolge, Elemente aus dem Leben Hebbels, Wagners und Dostojewskis, eine Szene des ersten Aktes ist von der Tragödie Duhamels ›Dans l'ombre des statues‹ leicht angeregt, und dieses ganze Kammerspiel gemahnt in der Idee an Ibsens ›Gespenster‹: Wie Helene Alving errichtet auch Leonore Franck auf ihres Gatten Grabmal ein ›Asyl‹ in der Form jener Legende seines reinen Lebens, wie Oswald besteht der junge Friedrich Marius auf dem rückhaltlosen Bekenntnis zur Wahrheit, ungeachtet der Ideale. Aber auch in den ›Jeremias‹, der den Bogen seiner symphonischen Sprachgewalt kühn über den Grundfesten der Bibel wölbt, klingt eine Ibsensche Reminiszenz herüber: Jeremias an seiner Mutter Sterbebett — man denkt an die unvergeßliche Szene zwischen Peer Gynt und Aase. Der ›Volpone‹ endlich ist, allerdings in souveräner Freiheit, Ben Jonsons Komödie nachgeformt, und das Tolstoistück ›Die Flucht zu Gott‹ als Epilog zu des großen Russen unvollendetem Drama ›Das Licht scheinet in der Finsternis‹ gedacht. Ja, Stefan Zweig betont geradezu (im Vorwort zum Bühnenmanuskript dieses Dramas), daß eine selbständige Aufführung nicht in seiner Absicht liege.

Dabei ist dieses ganze dramatische Werk fast durchaus lebendiges Theater. Nicht als ob hier versucht werden sollte, die Komödienelemente, die es enthält, historisch zu fundieren, wie etwa jenes alte Verwechslungsrequisit des Mantels, das im ›Verwandelten Komödianten‹ seinen Platz fand. Thea-

ter ist hier vielmehr als rückhaltloses Bekenntnis zu den Gesetzen des farbigen Scheines der Szene und der Verkleidung gemeint, als Transponierung lebendiger Vorgänge in die Sphäre bewußten Spiels. Außer dem ›Weg zu Gott‹ und der ›Legende eines Lebens‹, die übrigens nicht zwangmäßig theaterhafte Formung gefordert hat und auch als Novelle sehr wohl denkbar wäre, haben alle Stücke Stefan Zweigs vergangene Epochen zum Rahmen: ›Tersites‹ die homerische Welt, das ›Haus am Meer‹ den Beginn des amerikanischen Freiheitskriegs, der ›Verwandelte Komödiant‹ das höfische deutsche Dixhuitième, ›Jeremias‹ die alttestamentarische Zeit, ›Volpone‹ das Märchenvenedig des ›Kaufmann‹. Und sie alle haben den dramatischen Nerv in sich, sie alle bekunden einen starken Sinn für die Bühne, ja sie wurden zum Teil geradezu für einen bestimmten Schauspieler geschrieben. Dennoch aber sind Stefan Zweig bisher bloß zwei entscheidende Würfe in den von ihm selbst so scharf getrennten Bereichen des hohen Dramas und des leichten Spieles gelungen: Der ›Jeremias‹ dort und hier der ›Volpone‹. — Warum?
Tersites selbst spricht seine Tragik aus, wenn er sagt:

»... ich habe Schmerz,
Den Schmerz, ein Mensch zu sein und doch
　　　　　　　　　　　　　ihm nicht
Zu gleichen...«

und wieder:

»Nur weil ich häßlich bin, darf ich nicht fühlen
Wie andre, darf nicht reden?«

Dies Bekenntnis, diese Frage, sie enthalten das zentrale Problem des Dramas. Aber um wie viel intensiver, erschütternder kehrt es, aus der Historie, dem Vers, dem Kostüm, der Konvention befreit, im Schicksal des Lehrers in ›Verwirrung der Gefühle‹ wieder! Das ›Haus am Meer‹ mit seinen bunten Geschehnissen und Bildern flitzt beinahe wie ein Film in Blankversen an uns vorüber, aber es ist hier im Grunde durchaus nicht wesentlich, daß ein deutscher Fürst, genau wie jener Herzog der Milford, seine Hessen und Braunschweiger als Auxiliarkorps nach Amerika verkauft: die Idee des Stückes ist vielmehr in den Worten Thomas Krügers zu Katharina enthalten:

»Nur Blut und Sippe,
Kinder und Ahnen schließen einen Kreis
Um unser Leben...«

Und später, da er sie innerlich verloren hat, stellt er fest:

»Ein Menschenleben zählt nur voll, wenn es
Zwei andre nährt...«

Stefan Zweig jedoch ist, als er dies schreibt, noch mitten in seinen Wanderjahren, jeder Art von Freiheit zu tiefst mit fanatischer Inbrunst verschworen... Der ›Verwandelte Komödiant‹ ist seinem Wesen nach ein hohes Lied auf die Kunst.

»Jetzt hab ich erst verstanden,
Was dieses ist, ein Künstler sein: die Welt
An ihren Angeln fassen können und
Ihr dann den Schwung der eignen Kraft zu
geben,«

sagt der ehemalige Student, der, statt Magister zu werden, auf dem Windischen Markte vor einem polternden Fürsten und seiner schöngeistigen Favoritin den Romeo spielt. Aber um wieviel heißer und ekstatischer wirkt dies

»ich bin aus dem Geblüt
Der Edelsten der Welt, ich bin ein Künstler«

in Stefan Zweigs großen Essays, die Balzac, Hölderlin, Dostojewski, Verhaeren, Rolland gleichsam vor unsern Blicken aus der Welt ihrer Werke formen! In der ›Legende eines Lebens‹ schließlich (die übrigens in der alten Maria Folkenhof eine der reinsten und weisesten Zweigschen Gestalten in sich beschließt), geht es um ein Sonderproblem, um die Tragik Friedrich Marius Francks, der Sohn eines großen Vaters zu sein. »O eine Handvoll Dunkel, einen Winkel voll Schweigen, eine Woche, nur eine Woche unbekannt sein,« ruft er aus, »namenlos, fremd, leichte Schultern haben, leichtes Leben, mein eigenes, mein wirkliches Leben!« Aber wenn er, mit Bezug auf jenen großen Vater bekennt: »Mir ist ein Maß angeboren, das mich zerbricht,« so ist das doch letzten Endes nur der Konflikt eines Bevorzugten des Schicksals. Im ›Jeremias‹ jedoch hat die tiefste Not einer Zeit ihren Ausdruck gefunden, er ist der Befreiungsschrei eines gemarterten Menschenherzens. Nur ganz wenige haben, wie hier Stefan Zweig, das Kriegserlebnis dramatisch geformt, etwa Karl Kraus neben ihm unerhört realistisch in ›Die letzten Tage der Menschheit‹, diesem grandiosen Mosaik in Details, nach ihm Romain Rolland in ›Liluli‹, auch ins Symbolische transponiert, aber, wie stets, mehr vom Geiste her als aus dem intuitiven Gefühl gestaltet. Im ›Jeremias‹ nun ist alles Zufällige, alles Spielerische abgefallen, das sonst der dramatischen Scheinwelt Stefan Zweigs anhaften mag, er ist nicht mehr Arabeske der Wirklichkeit, sondern von einer Wirklichkeit durchblutet, die das Gewand des Scheines nur borgt, um sich zu allgemeinerer Bedeutung zu erheben. Denn Jeremias ist der alttestamentarische Prophet und Stefan Zweig, — der Krieg gegen Nabukadnezar ist zugleich auch, und zu tiefst, der europäische Krieg aller gegen alle; die Juden stellen nicht nur sich dar, sondern darüber hinaus die gekreuzigten Völker unserer Welt während ihrer apokalyptischen Jahre. Alle Motive jener Schreckenszeit sind in den neun Bildern dieses dramatischen Gedichtes gestaltet: die Verblendung der Führer in König Zedekia und dem Obersten der Kriegsknechte Abimelech, die Leichtfertigkeit der falschen Propheten im Hohenpriester Pashur, der Wankelmut der Menge, die erst blindlings den großen Worten glaubt, dann aber auf die Einflüsterungen des Gerüchtes horcht und schließlich den Entbehrungen und Qualen des Leibes und der Seele nicht standhält. Über diesen Menschen jedoch erhebt sich die warnende Stimme des Sehers, der den Untergang vorausahnt, der nur künden, nicht abwenden kann, der sich vergebens gegen den Krieg wirft, aber dann, da die andern in der Niederlage verzweifeln, aufblickt zu Gott und die Brüder amor fati, Ergebung in das Verhängnis und damit seine Bezwingung lehrt. Denn auch in der Niederlage noch preist er das Leben, das Leid, die Erde, und, ganz im Sinne Rollands, wertet er dies reale Unterliegen in einen ideellen Triumph um, indem er zeigt, daß man zwar ein Volk besiegen könne, nicht aber seinen Geist. »Dieser Jeremias«, sagt Richard Specht, »spricht mit feurigen Zungen, einer dunkelglühenden Pracht der Bilder, einer Kraft der Verzweiflung und des wilden Hohns, die das biblische Urbild kaum erreicht und wenn er dann, da all seine grauenvolle Verkündigung zu grauenvollerer Wahrheit geworden ist, in allen Herzen das ewige Jerusalem des Geistes wieder aufrichtet, wenn sein Grimm gläubig liebreicher Verheißung weicht und sein himmlisch aufblühendes Wort das zerschmetterte Volk mit unüberwindbarer Zuversicht stählt und seine Besieger machtlos macht, ist ein Ausklang von einer Weihe und Größe da, die an befreiender und entführender Schönheit und Ergriffenheit nur an Werken der Musik, an dem wortlosen Antwortgeben hoher Tonschöpfungen zu messen ist.«

Der ›Volpone‹ endlich ist gleichsam das Satyrspiel auf das ganze bisherige Zweigsche Lebenswerk. Eine ›lieblose Komödie‹ nennt ihn der Dichter, und das soll gewiß nicht nur heißen, daß er lieblos gesehen sei. In dem Sinne der konventionellen Liebesszene zwischen Mann und Frau sind aber freilich nicht nur die Theaterstücke sondern auch die Zweigschen Erzählungen sämtlich ›lieblos‹. Wo wären solche Liebesszenen etwa in den Novellen zu finden? — Alle ihre männlichen Figuren gleichen in dieser Hinsicht ein wenig dem Baron in ›Brennendes Geheimnis‹, von dem es heißt: »... er wußte, daß das Gesellschaftliche mit dem Maskenspiel seiner Begehrlichkeit das Erotische zwischen Mann und Frau immer retardiert, den Worten die Glut, dem Angriff sein Feuer nimmt. Sie (Edgars Mutter) sollte über der Konversation nie seine eigentliche Absicht vergessen, die er — dessen war er sicher — von ihr bereits verstanden wußte.« Immer ist die Besitzergreifung der Frau so an die Stelle der Werbung in der Liebesszene gesetzt, in den Theaterstücken jedoch finden sich nur ab und zu, etwa im ›Tersites‹ und im ›Verwandelten Komödianten‹ Rudimente. Im ›Volpone‹ indes ist das Wort ›lieblos‹ in einem weiteren Sinne verstanden: Er ist die spielhafte Umkehrung des allmenschlichen Liebesbegriffes, in dem letzten Endes das ganze persönlich-künstlerische Wirken Stefan Zweigs wurzelt. Schon die Entstehung, über die der Dichter gelegentlich selbst berichtet, ist in dieser Hinsicht aufschlußreich. Er hat eben — es ist im Herbst 1925 — die Novelle ›Verwirrung der Gefühle‹ geschrieben und während dieser Arbeit in der ›Geschichte der englischen Literatur‹ von Taine den Hinweis auf Ben Jonsons ›Volpone‹ gefunden, der ihn dann, bei der Lektüre, zur Bearbeitung reizt. Jenes verantwortungsvolleren erzählenden Werkes ledig, reist er zur Erholung nach Marseille, dieser seiner Lieblingsstadt voll aller Abenteuer und verwegener Möglichkeiten. Hier formt er, frei aus dem Gedächtnis, die Komödie in lockerer Prosa nach und bemerkt erst dann, heimgekehrt, beim Vergleich, daß er »im Unbeherrschbaren der Produktion vieles vollkommen verschoben und verändert hatte, daß dem Original sogar einzelne Figuren entlaufen, andere wieder dazugekommen waren.«

In der Tat: Im ›Volpone‹ ist alles durch Umkehrung aus dem strengen Gefüge der Zweigschen Welt in die spielhafte Unwirklichkeit der Scheinwelt erlöst. Welches Mitleid hat der Dichter sonst mit den Dirnen, welche zarte Achtung vor der gefallenen Frau! Hier aber heißt es von der galanten Canina: »Hat dreimal umsonst geschlafen mit Euch, was sie niemals getan hat, seit ihrem zwölften Jahr,« und diese Canina selbst sagt: »Wenn man so seine zwölf Jahre immer andere hat, jede Nacht, und jeder will und sagt und tut dasselbe, das wird auch langweilig mit der Zeit...« Ja, Stefan Zweig, in dessen ganzem übrigen Werk es um sittliche Probleme geht, läßt diese Gestalten sich an Zynismus überbieten: »Schande ist nur, was die andern erfahren«, stellt der schurkische Kaufmann Corvino fest. »Ich kenne die Gesetze,« sagt der Notar Voltore, »kein Gesetz ist derart, daß man es nicht umgehen könnte.« Zweig hat in ›Angst‹ die männlich-schöne Gestalt des Anwaltes Fritz Wagner geformt, hier aber gibt Mosca folgende Definition: »... dumm und listig zugleich: die beste Mischung für einen Advokaten«. Alle Figuren der Zweigschen Welt streben immer leidenschaftlich nach Wahrheit, derselbe Mosca jedoch erklärt: »Wie unnötig dumm auch, die Wahrheit zu sagen! Wohin käme die Welt, wollte sich jeder das erlauben!« Zweig weiß um alle Tragik unfreiwilligen Soldatentums, Volpone aber verschont auch sie nicht mit seinem Spott: »Ich hatte allein mehr Angst als eine ganze Armee, wenn das Schießen angeht«, gesteht er. Die Not der Armen brennt Zweig ins Herz, der geprellte Wucherer Corbaccio aber wütet: »Wozu brauchen die Armen Geld? Sind zu viele, werden immer wieder nur arm....« Zweig hat in ›Verwirrung der Gefühle‹, neben Gide und Proust, einen der bedeutendsten Beiträge der modernen Literatur zur Frage der Inversion geliefert, Mosca aber macht sich über einen Spanier lustig, der einen Namen hat, so lang wie der Canale grande, sieben Vornamen, neun Zunamen und es nur mit Männern hält. Das alles sind freilich Scherze, aber in jedem von ihnen ist ein Gran schmerzlicher, ätzender menschlicher Wahrheit. Und im Zentrum der Komödie steht der Levantiner Volpone aus Smyrna, dieser Schurke ohne jedes Warum und Weshalb, der boshaft ist aus reiner Freude an der Bosheit und mit seiner Narrheit die andern zu Narren macht.

Stefan Zweig schreibt vor, daß dieses Stück als commedia dell'arte zu spielen sei, »leicht, rasch, eher karikaturistisch als naturalistisch, Tempo: allegro con brio.« Und in der Tat: hier ist der Gipfel des gewichtlosen Spieles erreicht und im Sinne parodistischer Negation spiegelhafter Bezug der Welt zur Scheinwelt gefunden.

DAS UNSICHTBARE WERK

Ein unerhört intensiver Mensch: das ist der entscheidende Eindruck, den schon der erste Kontakt mit Stefan Zweigs umfassender Wirksamkeit vermittelt; alle, die mit ihm in Berührung kamen, fühlen es und stellen es fest. »In diesem schmächtigen, jugendvollen, immer dem Neuen, Verheißenden zugewandten, schaffenden, verkündenden, fördernden, beratenden Menschen,« schreibt Richard Specht, »dessen schmiegsame, bürgerlich patrizische Art und Erscheinung, nicht aber dessen vehementes Tempo typisch ist für die österreichische Dichtergeneration der letzten achtziger Jahre, ist eine fortwährende Radioaktivität. Er ist geladen mit Spannungen. In seiner Nähe glaubt man feine, vibrierende Drähte nach allen Weltrichtungen ausgespannt zu sehen, meint das leise, explosive Knattern eines sausenden Motors zu hören ... Er greift mit Zeitungsartikeln ins Leben der Gegenwart, ... gründet eine Bibliotheca mundi und gibt sie gleich selbst heraus, überschüttet einen großen Verlag mit Ideen, macht Vortragsreisen, ist mit allen Geistigen Europas in dauernder und produktiver Verbindung, ... entdeckt neue Dichter, trommelt sie aus und schafft ihnen Verleger, überwacht die Übersetzungen seiner Werke, streut überallhin Vorschläge und Anregungen aus, hat immer Zeit für seine Freunde und ist der hilfsbereiteste unter ihnen... Man wird ein wenig atemlos bei der Betrachtung dieses rasenden Lebenstempos. Aber Stefan Zweig selbst ist nie atemlos; nichts von Geschäftigkeit oder Betrieb ist bei alledem zu spüren; nur sinnvolle Ökonomie der Kräfteverteilung und eine bewundernswerte Fähigkeit zur Konzentration und zum rechten Nützen der Stunde machen diese erstaunliche Leistung eines wahrhaft ›tätigen Geistes‹ möglich, die trotzdem beinahe unwahrscheinlich wirkt.« Ja, diese Spannkraft läßt sich unter den Zeitgenossen vielleicht nur mit der Walther Rathenaus vergleichen, auf dessen schriftstellerisches Talent Stefan Zweig als erster verwies, dessen Bildnis als Aufsichtsrat zahlreicher Unternehmungen, als Verfasser kühner und neuartiger soziologischer Bücher, als Vertrauensmann Wilhelms II., als Begleiter Dernburgs in die Kolonien, als Leiter der Rohstoffaktion im Kriege, als Urheber chemischer Erfindungen, als schöngeistiger Autor er später dann in einem Aufsatz einmal meisterlich entwirft und von dem er im Rückblick sagt: »Diese unerhörte Fülle von Wissen und Tätigkeit war nur zu erklären, wenn man die außerordentliche und in unserer Zeit vielleicht unerreichte Kapazität seines Gehirns in Betracht zog.«

Diese geistige Regsamkeit, diese nie erlahmende Spannkraft, dieser unbeugsame Wille zur Arbeit allein machten es möglich, daß Stefan Zweig neben das sichtbare Werk, das Band um Band mit jedem Jahre an Umfang und Bedeutung wächst, ein gleichsam unsichtbares Werk von nicht minder erstaunlichen Maßen setzen konnte. Wie viele Vorworte zu fremden Büchern hat er in diesen Jahren nach dem Kriege geschrieben, wie viel Ausgaben und Übersetzungen angeregt, wie viel Dichter und Schriftsteller mit Rat und Tat gefördert! Aus dem ›Emile‹ Rousseaus löst er das Ewige, auch für unsere Tage Essentielle heraus, aus dem Werke Chateaubriands trennt er für eine Einzelausgabe die ›Romantische Erzählung‹ ab. Er stellt dem französischen Lesepublikum Andreas Latzko, den Schweizern den Bildhauer Gustinus Ambrosi, den Deutschen Frans Masereel vor, den er als den »meisterlichsten aller neueren Holzschneider« rühmt. Er schreibt ein wunderschönes Nachwort zu Jakobsohns ›Niels Lyhne‹ (für die Ausgabe des ›Epikon‹), er gibt bei Reclam, der eine Serie österreichischer Erzähler herausbringt, knappe Charakteristiken Franz Karl Ginzkeys und Hermann Bahrs. Er leitet liebevoll eine ›Anthologie jüngster Lyrik‹ ein, er stellt eine Auswahl Goethescher Gedichte zusammen. Er übersetzt Suarès und Romain Rolland, zu dessen sechzigstem Geburtstag er gemeinsam mit Gorki und Duhamel ein ›Liber amicorum‹ redigiert, das Bekenntnisse aus aller Welt zu Ehren dieses Dichters in sich vereint. Dabei gehen die Anregungen, die er den Verlegern gibt, ohne Übertreibung ins Uferlose. Nicht nur die ›Bibliotheca mundi‹, diese Sammlung großer Werke der verschiedensten Nationen in der jeweiligen Originalsprache, auch die Insel-Bücherei, die Wesentliches zu billigstem Preis in ausgezeichneter äußerer Form vermittelt, hat Kippenberg auf Stefan Zweigs Rat geschaffen. Und der Dichter stößt dabei nicht selten auf sachliche Widerstände, denn nicht immer findet sein Urteil Vertrauen. Ein Beispiel: Zehn Jahre, sagt er in den ›Erinnerungen an Verhaeren‹, habe er Charles de Costers ›Uilenspiegel‹ vergeblich allen deutschen Verlegern empfohlen; — man weiß, welchen Erfolg seither gerade dieses Buch in Deutschland hatte.

Dabei ist die Flut der Zweigschen Aufsätze wahrhaft erstaunlich, die mit den Zeitungen und Revuen, in denen sie erschienen sind, in ihrer Wirkung allzu rasch wieder verebbten. Zu wie viel Problemen hat er in all den Jahren öffentlich Stellung genommen, wie viel Gedenktagen kurze, stets in das Wesentliche treffende Essays gewidmet, wie viel Nachrufe verfaßt, wie viel ungerechtem Vergessen gesteuert, auf wie viel neue Begabungen hingewiesen! Immer, wenn er irgend etwas noch Unentdecktes im Bereich des äußeren Geschehens, des Gefühls, des

Geistes wittert, ergreift er spontan das Wort, immer wenn es europäischen Blick gilt, übernationale Unparteilichkeit des Urteils, psychologische Erkenntnis, Bildung über die Kulturen hinweg und durch die Zeiten hin, wird er gebeten, sich zu äußern. Bände dieses unsichtbaren Werkes harren bis zur Stunde endgültiger Gestaltung im Buche. Daß die Kriegsaufsätze etwa nicht gesammelt wurden, ist zu beklagen; aber auch sonst wäre hier manches nachzuholen. Denn bloß zweimal wurde bisher flüchtiger Griff in diesen ungehobenen Schatz getan. Die kleinen Bücher ›Fahrten‹, die einen Teil der Reiseschilderungen enthalten, und ›Sternstunden der Menschheit‹, die fünf Augenblicke explosiven historischen Geschehens geben, beweisen, daß jener Schatz wahre Kostbarkeiten enthält.

Aber ein sehr wesentliches Segment des unsichtbaren Werkes Stefan Zweigs steht im Zeichen der Freundschaft. Er besitzt Freunde in aller Welt, er hat sie untereinander wieder zu Freunden gemacht, und wie viel verdanken sie ihm alle an Rat und Tat, Anteil und Hilfe! »Was ist Erkenntnis denn anders,« schreibt er einmal (in der Rolland-Biographie), »als eine Summe von Erfahrungen, ein Leben denn anders als eine Summe von Begegnungen?« Und ebendort: »Es gehört zum Mystisch-Symbolischen der Biographie Rollands, daß jede Epoche seiner

Jugend ihn immer mit den wesentlichsten Menschen der Zeit verbindet, obwohl er eigentlich nie Menschen sucht...« Das stimmt genau auch für Stefan Zweig. Er begegnet zur rechten Stunde Männern wie Verhaeren und Rolland, und gerade sie sind es, die seine hohe persönliche Veranlagung zur Freundschaft bejahend fördern, die sie durch Beispiel und Bekenntnis weiter entwickeln. Hier ist etwas wie eine Tradition. Rolland schreibt als junger Student in einem Gewissenskonflikt an den fernen Tolstoi, der nie zuvor auch nur ein Sterbenswort von ihm gehört hat, und der berühmte russische Dichter antwortet dem Unbekannten mit einem Manuskript von achtunddreißig Seiten, das die Anrede ›Mein lieber Bruder‹ trägt. »Damals,« sagt Stefan Zweig, »hat er (Rolland) in Erinnerung eigener Not, in Erinnerung der fremden Tröstung gelernt, jede Krise eines Gewissens als etwas Heiliges zu betrachten, jede Hilfeleistung als erste moralische Pflicht des Künstlers. Und von jener Stunde, da er das Briefblatt löste, war in ihm der große Helfer, der brüderliche Berater erstanden... Damals begann in dem noch jungen Rolland jene unmittelbare Wirkung auf die Menschen, jene erläuternde, fühlende, erhebende, bildende und begeisternde Kraft, die seitdem, durch sein dichterisches Werk immer fernere Kreise erfassend, sich ins Unermeßliche gesteigert hat...« Der Funke solch voll-

Stefan Zweig
vor seinem Haus in Salzburg

endeter Brüderlichkeit im Geiste glüht im Osten über herbstlicher russischer Steppe auf, er wird durch schicksalhaften Zufall in ein winziges pariser Studentenzimmer getragen und springt, Jahre später, in das Herz eines jungen wiener Dichters über, der ihn über den Raum durch Europa und durch die Zeit an die Jüngeren weiterleitet. So ist der internationale Kreislauf geschlossen. Und in diesem hohen Sinne reicht Stefan Zweigs unsichtbares Werk weit über das Literarische, das Künstlerische in den Bezirk des Menschlichen für uns alle, die darum wissen, strahlend hinauf.

AUSKLANG

Auch er, dessen Leben bisher in jeder Hinsicht so reich, weit, voll, stark, wissend war, ist Stunden des Zweifels und der Enttäuschung unterworfen.

»Was haben wir,« so fragt er sich einmal, da er die Mechanisierung des gegenwärtigen Lebens, die Entpersönlichung der heutigen Menschen beklagt, »was haben wir ihnen noch zu geben? Unsere Bücher erreichen sie nicht mehr, weil sie längst nicht mehr das an kalter Spannung, an kitzliger Erregung zu leisten vermögen, was der Sport und das Kino ihnen verschwenderisch gibt; sie sind sogar so unverschämt, unsere Bücher, geistige Anstrengung zu fordern und Bildung als Vorbedingung, eine Mitarbeit des Gefühls und eine Anspannung der Seele. Wir sind — gestehen wir es uns nur zu — allen diesen Massenfreuden und Massenleidenschaften und damit dem Geist der Epoche furchtbar fremd geworden, wir, denen geistige Kultur noch Lebensleidenschaft ist, wir, die wir uns niemals langweilen, denen jeder Tag zu kurz wird um sechs Stunden, wir, die wir keiner Totschlageapparate bedürfen und keiner Amüsiermaschinen... Wir brauchen nur bei einer Plakatsäule in einer Großstadt vorüberzugehen oder eine Zeitung zu lesen, in der Fußballkämpfe mit der Ausführlichkeit homerischer Schlachten geschildert werden, um zu fühlen, daß wir schon solche Outsider geworden sind, wie die letzten Enzyklopädisten während der französischen Revolution...« Das ist, zumindest was Stefan Zweig selbst betrifft, entschieden ein wenig zu schwarz gesehen.

Denn gerade das letzte, das salzburger Jahrzehnt hat ihm den großen, den übernationalen Erfolg gebracht. Anerkennung, die schon dem Jüngling die öffentliche Auszeichnung des Bauernfeldpreises verlieh, ist ihm über den Wandel der Zeiten hin treu geblieben, sie hat sich sogar von Jahr zu Jahr gesteigert. Heute schnellen seine Bücher jeweils knapp nach dem Erscheinen zu vieltausendfachen Auflageziffern empor, die Buchhändler zählen ihn zu den gelesensten deutschen Autoren, er wird in alle Kultursprachen übersetzt, auf allen europäischen Bühnen gespielt. Bedeutende Menschen aller Nationen zollen ihm Bewunderung, ja ein Mann wie Gorki schreibt einmal in Bezug auf seine Novellen: »Mir scheint, daß niemand vor ihm über die Liebe so tief, mit einem so unermeßlichen Mitgefühl für den Menschen geschrieben hat...« Seine großen Freunde überhäufen ihn mit Ehren: Wie einst, vor dem Kriege, Verhaeren seine ›Hélène de Sparte‹, so widmet ihm jetzt Romain Rolland das ›Spiel von Tod und Liebe‹ mit den wahrhaft erhebenden Worten: »Dem Freien im Geiste, dem Europa die Heimat und Freundschaft Religion bedeutet.« Und bei alledem steht Stefan Zweig erst knapp in der zweiten Hälfte seines fünften Jahrzehnts.

Was jedoch das Wesentlichste ist: Ein Teil der Jugend bekennt sich rückhaltlos zu ihm. Aber wie kaum ein andrer hat er ja freilich auch seit jeher, allem gelegentlichen Pessimismus zum Trotz, diese neue Jugend verstanden. Das Bekenntnis der Jugend geht durch sein Werk und Leben. »Die Jugend hat immer recht. Wer ihr nachgibt, ist klug,« sagt der Professor in ›Verwirrung der Gefühle‹ und spricht damit gewiß Stefan Zweig aus der Seele. Schon zu Kriegsbeginn stellt der Dichter fest: »Eine andere, gehärtete Generation steigt hinter uns empor, eine Jugend, die unmittelbarer lebt, der das Träumen, das Spielen mit dem Leben versagt ist.« Und später weiß er genau um die Tragik dieser Jugend in besiegtem Land. »Eine wirkliche Jugend«, schreibt er in der Rolland-Biographie, »kann nicht leben ohne einen Glauben, kann nicht atmen in der moralischen Dumpfheit einer hoffnungslosen Welt. Leben und Schaffen bedeutet für sie Vertrauen entzünden, jenes mystisch brennende Vertrauen, das unzerstörbar aus jeder neuen Jugend, jeder aufsteigenden Generation glüht, und käme sie vorbei an den Gräbern ihrer Väter...« Und wieder: »Es ist kein Zufall, daß immer in den geschlagenen

Völkern bei den Besten ein neuer Idealismus sich aufringt, daß die Jugend solcher Völker nur ein Ziel kennt für ihr ganzes Leben: ihrer Nation eine Tröstung zu geben, ihr die Niederlage wegzunehmen.« Nein, keinen Augenblick während der schmerzlichsten Prüfung des deutschen Volkes vergißt Stefan Zweig der deutschen Jugend. Wenn er etwa nach dem Kriege das prämussolinische Italien bereist und wieder dessen heiteren Glanz genießt, empfindet er es beinahe wie persönliches Leid, daß dieser Jugend nun die »schönste Vision einer notwendigen neuen, der Antike dankbar verbundenen Kunst« versagt ist, daß sie nun nicht mehr, wie einst, als er selber jung war, ihre Sehnsucht nach dem Süden stillen kann. Ja, er versteht sie in jeder menschlichen, jeder künstlerischen Not. »Nie,« schreibt er in seiner Einleitung zur ›Anthologie jüngster Lyrik‹, »— ich habe dies unwiderrufliche Wort gewogen, ehe ich es hinschreibe — niemals fand eine lyrische Jugend in Deutschland mehr Stummheit und abweisende Indifferenz als die gegenwärtige. Sie hat keine Verleger. Sie hat keine Zeitschriften. Sie hat keine Förderung durch Preise wie die jungen Dramatiker. Sie hat keine materielle Möglichkeit. Und sie hat — dies am schmerzlichsten! — kein Publikum.« Dies Verstehen, diese Liebe — man sieht es — sind grenzenlos, und es scheint nur billig, daß auch die Jugend Stefan Zweig Gleiches mit Gleichem vergilt. Sie, die wie kaum eine andre alles Gestrige verneint, bejaht gerade ihn rückhaltlos, dessen Bildung so fest in den Sicherheiten der Vorkriegszeit wurzelt, dessen Geist sich aber wie die fruchtbare Krone eines frei gewachsenen Baumes in ihre Zeit erhebt. Und diese Liebe geht über das Literarische hinaus, sie gilt vor allem seiner Intensität, seiner Lebendigkeit. Hanns Martin Elster stellt es in seinem Essay abschließend fest: »Die junge Generation Europas, einschließlich Frankreichs, weiß heute, was sie an Stefan Zweig besitzt: einen Dichter von Wuchs, einen Essayisten von der Bedeutung der Brandes, Suarès, einen Menschen im Geiste Rollands und einen Führer zum wesenhaften menschlichen Dasein in allen Völkern.«

Wie Stefan Zweig sich indes weiter vor unsern Blicken entwickeln wird, wer wollte das prophezeien? Vieles ist getan, manches aber noch zu vollbringen. Gut wird heute schon durch das vorhandene Werk Deutschland im europäischen Sinne repräsentiert, Befruchtung ist in sehr weitem Bereich des Geistes von Stefan Zweig ausgegangen. Wird er uns jedoch den großen europäischen Roman schenken, den kaum jemand berufener scheint zu schreiben, als er? — Aber auch die beiden Treppen der Essays und Novellen, die er nun baut, sind noch Torsi. Werden sie, indem sie einander — das

Bild ist von ihm — auf einer oberen Schwelle begegnen, seine Welt bis in jenen Bereich der Scheinwelt erheben, wo Jeremias und Virata schon so nahe dem Himmel den Anblick der Gottheit genießen, also bis in jene Zone des Daseins empor, wo bloß noch Freiheit als höchste Leistung des Individuums gilt, Freiheit von den Menschen, von den Dingen, Freiheit zu sich selbst, und wo auch die Furcht schwindet, erkannt zu sein?

Gewiß aber wird auch Stefan Zweigs Zukunft jenem hohen Ziele sich nähern, dem er im letzten bisher immer gelebt hat: Dasein und Werk möglichst innig zu verbinden. Dies scheint sein Sternbild über dem dunklen Strom der verfließenden Tage, und gerade hier gilt sein eigenes schönes Wort über das bisher noch Ungeformte seiner Dichtung: »Ich weiß, solch weites, fast anmaßend weites Planen erfordert schon zu äußerem Vollenden noch Jahre der Geduld, aber wenn nicht Geduld, was wäre die Lehre des Krieges? Es gibt keine Reiterattacken auch im Geistigen mehr, und gerade vom letzten Kriege müssen wir vielleicht alle die Methode lernen, die Strategik jener unendlichen Schützengräben, die von einem Ende der europäischen Welt bis zum anderen Ende reichten, und wo jeder einzelne knappe Vorstoß sich erst allmählich auswirkt zur großen endgültigen Umfassung. Klein, gedeckt, verschanzt und verschattet stehen wir alle im unterirdisch vordringenden Stollen unserer Arbeit, vor unserer gemeinsamen Aufgabe: der Zeit. Sie ist zu groß, zu weitläufig geworden, als daß der einzelne sich anmaßen dürfte, ihr Richter, ihr Ankläger zu sein. Mit allem, was wir schreiben, leisten wir nur Zeugenschaft in dem ewig umwertenden Prozeß, den wir Geschichte nennen, in dem wir Aussage abgeben über uns und unsere Welt. Inwieweit diese Aussage mitentscheidend wird, dies auch nur zu mutmaßen, steht uns selber, den Zeugen, nicht zu. Erst wenn wir unsere Rede geendet, fällt der Richter, der unsichtbare, den Spruch.«

Tunis, den 17. Februar 1928.

Lightning Source UK Ltd.
Milton Keynes UK
UKHW040643180521
383923UK00002B/246